가장 위험한 게임
The Most Dangerous Game

Copyright©1924 by *Collier's*
La Comédie Humaine is publishing this original edition of
The Most Dangerous Game, due to its public domain status.

Korean Translation Copyright©2009 by La Comédie Humaine
Korean edition of this book is copyright©2009, La Comédie Humaine

이 책의 한국어판 저작권은 도서출판 인간희극에 있습니다.
저작권법에 의해 한국 내에서 보호를 받는 저작물이므로
무단전재와 무단복제를 금합니다.

가장 위험한 게임
The Most Dangerous Game

리차드 코넬(Richard Connell) 지음
공지은 옮김

인간희극

가장 위험한 게임
The Most Dangerous Game

초판 1쇄 인쇄   2009년 3월 17일
초판 1쇄 발행   2009년 3월 24일

지은이   리차드 코넬(Richard Connell)
옮긴이   공지은
펴낸이   이송준
펴낸곳   인간희극
등 록   2005년 1월 11일 제319-2005-2호
주 소   서울특별시 동작구 사당동 1028-22
전 화   02-599-0229
팩 스   0505-599-0230
이메일   humancomedy@paran.com

출 력   경운출력
인 쇄   성신프린팅

ISBN 978-89-956371-0-4 03740

- 잘못 만들어진 책은 구입하신 곳에서 바꾸어 드립니다.
- 값은 뒤표지에 표기되어 있습니다.

The Poster of the movie based on Richard Connell's short story

"**저기 오른편**, 저기 어딘가에 큰 섬이 있어." 휘트니가 말했다. "왠지 신비스러운 걸."

"그게 무슨 섬인데?" 레인스포드가 물었다.

"오래된 해도에는 그 섬이 '배 잡는 덫'이라는 이름으로 나와 있더군." 휘트니가 대답했다. "뭔가 암시하는 듯한 이름이지 않아? 선원들도 그 섬에 대해서는 이상하게 무서워하는 것 같아. 나도 이유는 잘 모르겠지만 말야. 뭔가 미신 같은 것이..."

"난 안 보이는데." 두텁고 무더운 어둠은 요트를 짓누르고 있었고, 레인스포드는 손으로 느낄 수도 있을 만큼 축축한 열대의 밤 건너편으로 섬을 찾아보려 노력했다.

"자네 시력은 엄청 좋잖아." 휘트니가 웃으며 말했다. "나는 자네가 400야드(약 365미터)나 떨어진 갈색으로 물든 가을 숲속에서 움직이고 있는 말코손바닥 사슴 한 마리를 조준하는 것을 본 적도 있는 걸. 그런데 아무리 달빛 하나 없는 카리브 바다라지만 4마일(약 6.4km)도 안 되는 거리가 안 보이다니."

"4야드(약 3.7m)도 안 보이는 걸." 레인스포드가 시인하듯 말했다. "젠장, 이놈의 밤은 축축이 젖은 검은 벨벳 천 같군."

"리오(Rio) 날씨는 아주 쾌적할 거야." 휘트니가 장담하며 말했다. "며칠 안에 도착할 걸세. 퍼디(Purdey) 총포상에서 보낸 재규어(중남미산 표범) 사냥총이 도착해 있으면 좋겠는데 말이야. 아마존에선 멋진 사냥을 할 수 있을 거야. 사냥은 정말 멋진 스포츠야."

"세상에서 가장 좋은 스포츠지." 레인스포드가 동의했다.

"사냥꾼에게나 그렇지." 휘트니가 레인스포드의 말을 정정하며 말했다. "재규어에게는 아니야."

"잠꼬대 같은 소리 좀 말게, 휘트니." 레인스포드가 말했다. "자넨 맹수를 사냥하는 사냥꾼이야. 철학자가 아니라구. 재규어가 뭘 느끼는지 누가 신경 쓴다고 그래?"

"아마 재규어는 신경 쓸 걸?" 휘트니가 지속해서 말했다.

"바보 같기는, 그것들에게 이해력이란 없다구!"

"그렇다고 해도, 그것들이 한 가지는 이해하리라 생각해, 바로 공포지. 고통에 대한 공포, 죽음에 대한 공포 말이야."

"말도 안 돼," 레인스포드가 웃었다. "무더운 날씨 때문에 머리가 어찌 된 모양이군, 휘트니. 현실을 직시해. 이 세상은 두 종류의 계급으로 구성되어 있어. 사냥하는 자와 사냥당하는 자. 운 좋게도 자네와 나는 사냥하는 자들이지. 우리가 그 섬을 지났다고 생각해?"

"어두워서 정확히 말할 순 없지만. 그러길 바라야지."

"왜 그렇지?" 레인스포드가 물었다.

"그 섬은 평판이 자자해, 안 좋은 쪽으로 말이야."

"식인종이라도 있다던가?" 레인스포드가 넌지시 말했다.

"그렇진 않아. 식인종들조차도 신한테 버림받은 그런 곳에서는 살려하지 않을 거야. 어쨌든 그 섬이 선원들 사이에 떠도는 이야기가 된 모양이야. 오늘따라 선원들 신경이 곤두선 것처럼 보였는데 눈치 못 챘어?"

"자네가 지금 말하니 선원들이 좀 이상해 보였던 것 같군. 닐센 선장까지도 말이야."

"그래. 악마한테 직접 가서 담뱃불이라도 붙여달라고 할 만큼 강심장인 그 스웨덴 늙은이마저 말이야. 그 흐릿한 푸른 눈동자가 전에는 보지 못 했던 눈빛을 하고 있더라니까. 내가 알아 낸 것이라고는 '나리, 이 섬은 항해자들 사이에서 악명을 떨치고 있습죠.' 라는 말뿐이었어. 그러고 나서는 나에게 '뭔가 느껴지지 않습니까?' 라고 아주 근심스럽게 말하더군. 마치 우리 주위에 있는 공기가 실제로 독이라도 내뿜는 듯이 말이야. 내가 이런 말을 한다고 절대 웃으면 안 돼. 나도 갑작스런 한기와 비슷한 뭔가를 정말 느꼈어. 바람이라고는 전혀 불지도 않았고 바다는 판유리 창문처럼 평평했었지. 우리는 그때 섬과 점점 가까워지고 있었는데 내가 느꼈던 것은 뭐랄까, 정신적인 오한이었어. 일종의 급작스런 공포였다구."

"단순한 상상력일 뿐이야." 레인스포드가 말했다. "미신을 믿는 한 사람의 선원이 자신의 공포심으로 배 전체 사람들을 감염시킨 것이지."

"그럴지도. 하지만 때때로 나는 생각하곤 해. 선원들은 위험에 감지하는 특별한 감각 같은 것을 가지고 있다고 말이야. 때론 말이지 나는 악마도 소리나 빛처럼 파장을 가지고 있는 실체적인 것이 아닌가 생각해. 말하자면, 사악한 장소가 사악한 기운을 퍼뜨릴 수 있다는 거지. 어쨌든, 우리가 그 구역을 벗어나고 있어 다행이야. 흠, 나는 이제 자러

가야겠어, 레인스포드."

"난 졸립지 않은 걸." 레인스포드가 말했다. "난 후갑판에서 파이프 담배나 한 대 더 펴야겠어."

"그럼, 좋은 밤 보내게, 레인스포드. 아침식사 때 보자구."

"그러지. 잘 자, 휘트니."

Rainsford in movie

한밤중에 레인스포드는 어둠을 가로질러 신속하게 배를 몰고 가는 엔진의 둔탁한 진동과 프로펠러에서 밀려나오는 물결소리만이 들리는 곳에 앉아 있었다.

레인스포드는 갑판에 놓인 휴대용 접이식 의자에 드러누워 한가로이 그가 가장 좋아하는 브라이어(brier) 파이프를 뻐끔거렸다. 그는 졸음이 오는 것을 느꼈다. "너무나 어둡군." 그는 생각했다. "눈을 감지 않고도 잘 수 있겠어. 이 밤이 나의 눈꺼풀이 될 테니…"

그는 급작스런 소리에 깜짝 놀랐다. 오른편에서 들려오는 소리였다. 그런 방면에 전문가인 그가 착각할 리가 없었다. 한 번 더, 그리고 다시 한 번 더, 같은 소리가 들렸다. 어딘가에서, 어둠속 어딘가에서, 누군가가 총을 세 번 발사한 것이다.

레인스포드는 벌떡 일어나 얼떨떨해진 기분으로 재빨리 난간으로 움직였다. 그는 총성이 들렸던 방향을 향해 눈을 고정시켰지만 그것은 마치 담요를 뒤덮고 밖을 보려고 하는 것이나 마찬가지였다. 그는 더 먼 곳을 보기 위해 난간으로 뛰어올랐고 몸의 균형을 잡으려고 움직이자 파이프가 밧줄에 부딪히면서 입에서 떨어졌다. 그는 파이프를 향해 몸을 쑥 내밀었다. 너무 멀리 몸을 뻗어 균형을 잃었다는 것을 알았을 때 그의 입에서는 쉰 듯한 짧은 비명이 터져 나왔다. 그 비명은 카리브해의 미지근한 바닷물이 그의 머리 위로 덮치자 곧 사라졌다.

그는 수면 위에서 고군분투 했고 소리를 지르려고 노력

했다. 하지만 빠른 속력의 요트에서 나온 물결이 그의 얼굴을 때렸고 입에 들어온 소금물 때문에 구역질이 나서 숨을 쉴 수가 없었다. 요트의 불빛이 멀리 사라지자 그는 필사적으로 힘차게 수영하기 시작했다. 하지만 50피트(약 15미터)도 가기 전에 수영을 멈췄다. 그는 냉정해 지는 것을 느꼈다. 궁지에 빠진 것이 이번이 처음은 아니었다. 요트에 탑승하고 있는 누군가가 그의 고함소리를 들었을 가능성도 있었다. 하지만 그러한 가능성은 요트가 점점 사라져 감에 따라 더욱 더 희박해 졌다. 그는 옷을 벗으려 몸부림쳤고 모든 힘을 다해 소리쳤다. 요트의 불빛은 희미해져 가더니 반딧불처럼 가물거렸고 이내 밤하늘에서 완전히 전멸해 버렸다.

레인스포드는 총성을 기억해냈다. 그 총성들은 오른쪽에서 들렸었다. 그래서 그는 끈기 있게 그 방향을 향하여 느리지만 신중한 영법으로 힘을 보존해가며 수영했다. 영원처럼 느껴지는 시간 동안 그는 바다와 싸웠다. 그는 자신의 수영 동작을 세기 시작했다.

백 번 정도 헤아렸을 때 레인스포드는 어떤 소리를 들었다. 어둠속에서 들려오는 그 소리는 높은 음의 비명으로 극도의 고통과 두려움에 처한 어떤 동물의 소리였다.

그는 그 소리를 낸 동물이 무엇인지 구별할 수 없었고 알아내고자 노력도 하지 않았다. 새로운 활력으로 그 소리를 향해 헤엄쳐 나갈 뿐이었다. 그는 소리를 다시 들었다. 그러나 그 소리는 곧 바스락거리는 소리와 짧게 끊기는 듯한 또 다른 소음에 의해 중단되었다.

"권총 소리군." 수영을 계속하며 레인스포드는 웅얼거렸다.

십 분 동안 부단히 노력하며 수영을 하는 가운데 또 다른 소리가 그의 귓가에 들렸다. 이제껏 들었던 소리 중에 가장 환영할 만한 소리로 해변가 바위에 부서지며 낮게 으르렁거리는 바다 소리였다. 불현듯 나타난 바위에 그는 거의 부딪힐 뻔했다. 한밤중에 평정을 잃은 상태에서 바위에 산산조각이 날 뻔한 것이다. 그는 남아있는 힘을 짜내어 소용돌이치는 바닷물로부터 몸을 끌고 나왔다. 톱니처럼 들쑥날쑥한 뾰족한 바위들이 불분명한 어둠 속에서 돌출되어 있는 것이 보였다. 그는 한 손 한 손 움직여 힘겹게 바위를 타고 올라갔다. 숨이 찼고 양손은 피부가 벗겨져 따끔거렸지만 이내 정상의 평평한 부분에 도착했다. 빽빽한 정글이 절벽 가장자리 바로 아래까지 나와 있었다. 나무와 덤불로 뒤엉켜있는 그곳에 어떠한 위험이 도사리고 있을지는 레인스포드에게 그때 문제가 되지 않았다. 아는 것이라고는 그의 적인 바다로부터 자신이 안전하다는 것과 엄청난 피로가 몰려왔다는 것뿐이었다. 그는 정글의 가장자리로 몸을 내던지 듯 달려가 곤두박이로 쓰러져 이제껏 자보지 못한 깊은 잠에 빠졌다.

눈을 떴을 때 그는 태양의 위치로 보아 늦은 오후라는 것을 알았다. 충분한 수면이 그에게 새로운 활력을 주었지만 극도의 배고픔이 그를 괴롭히기 시작했다. 그는 거의 유쾌하기까지 한 기분으로 자신의 상황에 대해 생각해 보았다.

"권총 소리가 났다는 것은 사람들이 있다는 거야. 사람들이 있다는 것은 음식이 있다는 것이지." 그는 생각했다. 하지만 이런 험악한 곳에 있는 사람들은 도대체 어떤 자들일까? 뒤엉키고 들쑥날쑥한 정글이 해안가를 따라 끊임없이 이어져 있었다.

촘촘히 짜여진 그물 같은 나무들과 잡초들 사이로 길의 흔적은 보이지 않았다. 해안가를 따라 가는 것이 훨씬 쉬웠다. 레인스포드는 물가를 따라 허우적거리며 나아갔다. 그러다가 그가 상륙한 곳에서 얼마 떨어지지 않은 곳에서 멈췄다.

명백히 커다란 짐승 같은 무언가가 부상당한 채 덤불 아래에서 몸부림쳤던 흔적이 있었다. 숲의 잡초들이 뭉개져 있었고 이끼는 손상되어 있었다. 풀들의 일부분은 진홍빛으로 물들어 있었다. 멀리 떨어지지 않은 곳에서 작고 반짝이는 물체가 레인스포드의 눈에 포착되었고 그는 그것을 집어 들었다. 탄피였다.

"22구경이라..." 그는 말했다. "이상하군. 분명히 몸집이

상당히 큰 동물이었을 텐데 말이야. 이런 작은 총으로 그런 동물과 맞섰다니 꽤나 배짱 있는 사냥꾼인 걸. 그 짐승이 꽤 분투했던 것이 분명하군. 내가 처음에 들었던 세 발의 총성은 사냥감을 내몰면서 부상을 입혔을 때 난 것이고 말이야. 마지막 총성은 이곳까지 추적해서 그 짐승을 죽였을 때 난 것이겠군."

그는 땅을 면밀히 조사했고 찾고자 했던 것을 찾았다. 그것은 사냥 부츠의 자국이었다. 그 발자국들은 그가 가고 있던 방향인 절벽을 향해 나있었다. 그는 썩은 통나무나 여기저기 널려있는 돌들에 미끄러지면서도 서둘러 열심히 따라갔다. 하지만 어느 정도 나아갔을 때 섬에 밤이 시작되고 있었다.

레인스포드가 불빛을 목격한 것은 완전한 어둠이 바다와 정글을 덮어버린 뒤였다. 해안선의 굽이진 곳을 돌았을 때 그는 그 불빛들과 만났다. 불빛이 너무나도 많았기 때문에 처음에 그는 자신이 마을을 발견했다고 생각했다. 하지만 서서히 다가가자 너무나 놀랍게도 모든 불빛들이 하나의 거대한 건물에서 나오고 있는 것을 알게 되었다. 그것은 어둠 속에서 찌를 듯이 위로 솟아 있는 뾰족한 탑들을 거느린 아주 높은 구조물이었다. 그의 눈은 광대한 성의 어슴푸레한 윤곽선을 분간해 냈다. 그것은 높은 절벽에 위치하고 있었는데 성의 세 면에 위치한 절벽들은 어둠 속에서 탐

욕스럽게 입술을 핥고 있는 바다를 향해 급경사를 이루고 있었다.

"신기루야." 레인스포드는 생각했다. 하지만 그가 뾰족한 담장못이 박힌 철제 대문을 열자 그것이 신기루가 아니라는 것은 확실해졌다. 돌계단들도 분명히 진짜였다. 문고리가 심술궂은 눈초리의 괴물로 장식되어 있는 육중한 문도 현실감을 주기에 충분했다. 하지만 그 모든 것들에도 불구하고 비현실적인 분위기는 여전히 남아 있었다.

The door in movie

그는 문고리를 들어올렸다. 그것은 이전에는 한 번도 사용되지 않았던 것처럼 뻑뻑하여 삐걱거리는 소리를 냈다. 레인스포드는 자신이 내려놓은 문고리의 쾅하는 소리에 깜짝 놀랐다. 안쪽에서 발자국 소리를 들었다고 생각했지만 문은 여전히 닫혀 있었다. 다시 한 번 레인스포드는 무거운 문고리를 들어 올렸다가 내려놓았다. 그러자 마치 스프링이 달린 것처럼 갑자기 문이 열렸다. 레인스포드는 강물처럼 쏟아져 나오는 황금빛 불빛에 눈을 깜빡이며 서있었다. 첫 번째로 레인스포드의 눈에 들어 온 것은 이제껏 그가 본 중에서 가장 덩치가 큰 사람이었다. 그 거대한 생명체는 체격이 단단했고 검은 수염이 허리까지 내려와 있었다. 그의 손에는 총열이 긴 회전식 연발총이 들려 있었는데 그것은 레인스포드의 심장을 곧장 겨누고 있었다.

뒤엉켜있는 수염 밖으로 두 개의 작은 눈이 레인스포드를 응시했다.

"놀라지 마세요." 상대방의 경계심이 풀어지리라 희망하며 레인스포드는 미소를 지으며 말했다. "나는 강도가 아닙니다. 요트에서 떨어졌어요. 나는 뉴욕에서 온 생거 레인스포드라는 사람입니다."

그의 눈에 깃든 위협하는 듯한 표정은 변하지 않았다. 그 거인은 마치 조각상이 된 것처럼 견고히 총을 겨누고 있었다. 그는 레인스포드의 말을 이해했거나 아니면 듣기라도 했다는 신호조차 보내지 않았다. 그는 회색 아스타라한(러시아 지방산의 작은 양모피 모조 직물)으로 장식된 검은색 제복을 입고 있었다.

"나는 뉴욕에서 온 생거 레인스포드라는 사람이오." 레인스포드가 다시 말하기 시작했다. "나는 요트에서 떨어졌고 배가 고프다오."

그 남자의 대답이라곤 총의 공이를 엄지손가락으로 들어 올리는 것뿐이었다. 그때 레인스포드는 총을 잡고 있지 않아 자유로운 그 남자의 손이 군대 경례식으로 이마에 올려지는 것을 보았다. 그리고 남자는 뒤꿈치를 붙이고 차렷 자세가 되었다. 또 다른 한 남자가 넓은 대리석 계단을 내려오고 있었다. 그는 꼿꼿하고 호리호리한 몸매에 예복을 갖춰 입고 있었는데 레인스포드에게 다가와 손을 내밀었다.

정확성과 신중함을 더해주는 약간의 특이한 어투가 담긴 교양 있는 목소리로 그 남자는 말했다. "고명한 사냥꾼이신 생거 레인스포드 씨를 저의 집에서 맞이하게 되어 무궁한 영광입니다."

반사적으로 레인스포드는 그 남자와 악수를 했다.

"당신이 티벳의 눈표범 사냥에 대해 쓴 책을 읽었답니다." 그 남자는 말했다. "저는 자로프 장군입니다."

레인스포드의 첫 인상은 그 남자가 대단히 미남이라는 것이었고 두 번째는 장군의 얼굴에는 독창적인, 거의 이상하다고 할 정도의 개성이 풍긴다는 것이었다. 그는 중년의 나이를 넘긴 키가 큰 남자였는데 눈에 띄게 하얗게 센 머리

카락이 그것을 말해주고 있었다. 하지만 그의 두터운 눈썹과 군대식의 뾰족한 수염은 레인스포드가 건너온 밤만큼이나 검었다. 눈 역시 검었고 매우 밝게 빛났다. 그의 두드러진 광대뼈와 칼로 자른 듯한 코, 홀쭉하면서 어두운 얼굴은 명령을 내리는 데 익숙한 얼굴, 즉 귀족의 얼굴을 하고 있었다. 제복을 입은 덩치 큰 남자를 향해 돌아서며 장군은 신호를 보냈다. 그 거인은 총을 치우더니 경례를 하고 물러났다.

Zaroff in movie

"아이반은 놀라울 정도로 힘이 센 사나이이지요." 장군이 말했다, "하지만 불운하게도 귀머거리에 벙어리이지요. 순진한 친구이긴 하지만 유감스럽게도 그가 속한 인종들이 그렇듯이 다소 야만적인 면이 있죠."

"러시아인인가요?"

"그는 코사크인(러시아어를 쓰며 러시아 정교를 믿는 특수 군사민족)입니다." 장군이 미소를 지으며 말하자 그의 붉은 입술과 뾰족한 이빨이 드러났다. "저도 역시 그렇구요."

"이리 오시오." 그가 말했다. "여기서 이렇게 잡담이나 할 게 아니지. 이야기는 나중에 해도 되오. 자, 당신에겐 옷, 음식, 휴식이 간절하겠군요. 당신은 그 모든 것을 취할 수 있습니다. 이곳은 손님을 정중하게 대하는 곳이니까요."

아이반이 다시 등장했다. 장군이 그에게 뭔가 말했는데 입술만 움직일 뿐 소리는 내지 않았다.

"아이반을 따라가세요, 레인스포드 씨." 장군이 말했다. "당신이 오셨을 때 저는 막 저녁을 들려던 참이었습니다. 당신을 기다리지요. 제 생각엔 당신에게 제 옷이 잘 맞을 것 같군요."

말없는 거인을 따라 레인스포드가 간 곳은 기둥이 천장을 받치고 있는 거대한 방이었는데 6명의 장정이 들어가고도 남을 차양이 쳐진 커다란 침대가 있었다. 아이반이 꺼내놓은 만찬 연회복을 옷을 입으면서 레인스포드는 그 옷이 통상적으로 공작 이상의 신분을 가진 사람들만 맞춰 입을 수 있는 런던의 양복점 것이라는 것을 눈치 챘다.

아이반의 안내에 따라 들어선 식당은 여러 면에서 놀라웠다. 식당에는 중세의 장엄한 분위기가 흐르고 있었다. 떡갈나무로 된 벽, 높은 천장, 40명의 사람들이 앉아서 식사할 수 있을 만큼 거대한 식탁은 봉건시대 귀족의 방을 연상케 했다. 그 연회장에는 사자, 호랑이, 코끼리, 사슴, 곰 등 많은 동물들의 머리가 박제되어 있었는데, 레인스포드는 그것들보다 더 크고 더 완벽한 표본들을 예전에 본 적이 없었다. 커다란 식탁에 장군은 홀로 앉아 있었다.

Stuffed heads of animals

"칵테일을 좀 드시지요, 레인스포드 씨." 장군이 권했다. 칵테일은 놀라울 정도로 훌륭했다. 그리고 레인스포드는 식탁보, 크리스털 잔, 은 식기, 도자기 그릇 등 식탁에 갖춰

진 모든 물건들이 최상품인 것을 알아차렸다.

그들은 거품크림이 곁들어진 진하고 빨간 정통 러시아식 스프인 보르쉬(borsch)를 먹었다. 반쯤은 변명조로 자로프 장군이 말했다. "이곳에서 저는 문명의 쾌적함을 유지하려고 최선을 다하고 있습니다. 실수가 있더라도 용서해 주시길 바랍니다. 당신도 아시다시피 이곳은 사람들이 쉽게 올 수 있는 곳이 아니니까요. 샴페인이 먼 바다를 건너오느라 혹시 맛이 변하지 않았는지 모르겠네요?"

"아니, 전혀요." 레인스포드가 말했다. 그는 장군이 굉장히 사려 깊고 친절한, 진정한 세계인이라는 생각이 들었다. 그럼에도 장군의 어떤 미묘한 기색이 레인스포드를 불안하게 만들고 있었다. 레인스포드는 식사 중 접시에서 눈을 들 때마다, 장군이 자신을 관찰하고, 정밀히 평가하고 있다는 것을 깨달을 수 있었다.

"아마도," 자로프 장군이 말했다. "제가 당신의 이름을 알고 있어서 놀라셨을지도 모르겠군요. 저는 영어, 불어, 러시아어로 출판된 사냥에 관한 모든 책을 읽었답니다. 저는 제 인생에서 단 한 가지 열정을 가지고 있는데요, 레인스포드 씨, 그것은 바로 사냥입니다."

"참으로 훌륭한 머리 박제들을 소장하고 계시군요." 레인스포드는 잘 구워진 필레미뇽(소의 두터운 허리 살)을 먹으며 말했다. 저 아프리카 물소는 제가 이제까지 본 것 중에 가장 큰 것이에요."

"아, 저 녀석이요. 그래요, 저 녀석은 괴물 같았지요."

"그 소가 당신을 향해 돌진했나요?"

"저를 나무에 내팽개쳤답니다." 장군이 말했다. "두개골에 금이 갔었지요. 하지만 결국엔 그놈을 잡았습니다."

"항상 생각해온 점이지만," 레인스포드가 말했다, "아프리카 물소가 모든 사냥감들 중에 가장 위험한 것 같아요."

Cape Buffalo

장군은 한 동안 응답하지 않고 호기심 어린 붉은 입술로 미소만 지었다. 그러고 나서 천천히 말하기 시작했다. "아니오. 당신이 틀렸소. 아프리카 물소는 가장 위험한 사냥감이 아니오." 그는 와인을 조금 마셨다. "여기 이 섬에 있는 나의 영지에서," 그는 예의 느린 어조로 말했다. "나는 더욱 더 위험한 사냥감을 사냥한다오."

레인스포드는 놀라움을 금치 못했다. "이 섬에 그처럼 커다란 사냥감이 있나요?"

장군은 고개를 끄덕였다. "가장 크다고 할 수 있지."

"정말입니까?"

"오, 물론 그 사냥감은 원래부터 이곳에 있던 야생동물은 아닙니다. 내가 직접 이 섬에 들여온 것이지요."

"무엇을 수입해 온 것입니까, 장군?" 레인스포드는 물었다. "호랑이?"

장군은 미소를 지었다. "아니요." 장군이 말했다. "호랑이 사냥은 수 년 전에 흥미를 잃었다오. 아실 만 하겠지만, 난 호랑이에게서 느낄 수 있는 모든 가능성들을 독파했다오. 이젠 호랑이에게서는 아무런 스릴도, 위험도 찾지 못하오. 난 위험을 위해 사는 사람이오, 레인스포드 씨."

장군은 주머니에서 금장 담배 케이스를 꺼내 끝 부분이 은색으로 되어 있는 긴 검정 담배를 그에게 내밀었다. 그 담배에는 향기가 배어 있었고 연기에서는 향신료 비슷한 냄새가 났다.

"우리는 아주 멋진 사냥을 하게 될 거요, 당신과 나 말이오." 장군이 말했다. "내가 당신의 파트너가 될 수 있다면 큰 영광이겠소."

"하지만 무슨 짐승을 사냥하는지…" 레인스포드가 말을 꺼냈다.

"말씀 드리지요." 장군이 말했다. "확신컨대, 당신은 아주 즐거울 것이오. 내 생각에, 감히 말씀드리자면, 자랑은 아니지만, 나는 희귀한 일을 해냈습니다. 새로운 흥분을 창조해 냈지. 포트와인 한 잔 더 하시겠소?"

"고맙습니다, 장군님."

장군은 두 명의 잔을 다 채운 뒤 말을 이었다. "신께서는 어떤 이는 시인으로 만드시고, 어떤 이는 왕으로, 어떤 이는 거지로 만드셨소. 그런데 신은 나를 사냥꾼으로 만드셨지. 나의 아버지가 말씀하셨소. 나의 손은 방아쇠를 당기기 위해 만들어 졌다고. 나의 아버지는 크림탄도(흑해 북쪽 해안)에 이천오백만 에이커의 토지를 소유하고 있는 거부였소. 그리고 열렬한 스포츠맨이시기도 했고. 내가 겨우 다섯 살 때 아버지는 모스크바에서 특별히 만든 작은 총을 나에게 선물하시고 참새를 쏘게 하셨습니다. 아버지께서 전리품으로 받은 칠면조 몇 마리를 내가 그 총으로 쏴 죽였을 때도 아버지는 나를 벌하지 않으셨소. 오히려 명중시킨 것을 칭찬해 주셨지. 카프카스 산맥에서 처음으로 곰을 죽인 게 내가 10살이 되던 해였다오. 내 인생 전체가 하나의 연장된 사냥인 셈이지요. 귀족의 자제들이 흔히 그렇듯이 군대에 입대했고 한동안 코사크 기병대 사단을 지휘하기도 했지만 나의 진정한 관심은 항상 사냥뿐이었소. 나는 모든 나라에서 모든 종류의 사냥감을 사냥해 왔소. 내가 죽인 동물들이 얼마나 많은지 당신에게 다 이야기하는 것이 불가능 할 정도라오."

장군은 담배 연기를 내뿜었다.

"러시아가 붕괴된 뒤에는 조국을 떠나야만 했소. 황제를 모시던 장교가 계속 그곳에 머무는 것이 무모한 짓이 아니고 무엇이겠소. 많은 러시아 귀족들이 전 재산을 잃었지만 다행히도 난 주로 미국 증시에 투자하고 있었기에 몬테카를로에서 찻집을 열거나 파리에서 택시를 운전해야 하는 꼴을 면할 수 있었지. 당연히, 나는 사냥을 계속했소. 당신네 미국의 록키산맥에 있는 회색 곰이라든가, 갠지스 강의 악어, 동아프리카에 있는 코뿔소 등을 말이오. 바로 그 동아프리카에서 물소에 들이받혀 6개월이나 누워있어야 했던 적도 있었지만 나는 회복되자마자 아마존에 있다는 재규어를 찾아 나섰소. 그것들이 아주 영리하다는 말을 들었기 때문이었지. 하지만 그렇지가 않았소." 그 코사크 사람은 한숨을 쉬었다. "그 재규어들은 수완이 좋은 사냥꾼과 성능 좋은 장총 앞에서는 무기력할 뿐이었고 나에게 완전한 실망감만 안겨주었지. 그러던 어느 날 밤, 나는 더리가 쪼개지는 듯한 두통으로 텐트에 누워있었는데 그때 끔찍한 생각이 내 머릿속으로 파고 들어왔소. 사냥이 지루해지기 시작한 거요! 다시 한 번 말하지만, 사냥은 내 인생 그 자체였소. 미국 사업가들은 그들이 평생 해온 사업을 포기했을 때 종종 만신창이가 되는 경우가 있다고 들었소."

"네, 그런 일도 있지요." 레인스포드가 말했다.

장군은 미소를 지었다. "나는 그렇게 스스로 무너지고 싶진 않았소." 장군이 말했다. "나는 뭔가 조치를 취해야 했죠. 나는 분석적인 사고를 가지고 있는 사람이라오, 레인스포드 씨. 의심할 여지없이, 바로 그런 점이 내가 사냥감을 추적하는 데서 발생하는 어려움들을 즐기는 이유입니다."

"분명히 그렇군요, 자로프 장군님."

"그래서," 장군을 계속해서 말을 이어나갔다. "나는 내 자신에게 왜 더 이상 사냥이 나에게 흥미롭지 않게 되었는가를 자문해 보았소. 당신은 나보다 훨씬 연배가 어리오, 레인스포드 씨. 그리고 사냥도 나만큼 많이 해보지는 않았을 테지요. 하지만 아마도 당신이라면 그 해답을 추측해 볼 수 있을 것이오."

"그 해답이 뭔가요?"

"단순한 거요. 사냥이 흔히들 말하는 '스포츠적인 면모'를 상실해 버렸다는 것이오. 사냥은 너무 쉬워졌소. 나는 항상 손쉽게 사냥감을 얻게 되었소. 항상 말이오. 완벽함보다 더 큰 지루함은 없다오."

장군은 새 담배에 불을 붙였다.

"어떤 동물도 나와는 더 이상 승산이 없었소. 뽐내려는 것이 아니오. 그것은 수학적인 확실성이오. 동물이란 오로지 다리와 본능만을 가지고 있소. 본능이란 이성에 대적할 수 없소. 당신에게 자신 있게 말하지만, 이런 생각을 해낸 그 순간은 내겐 너무나도 비극적이었소."

레인스포드는 주인장이 하는 말에 열중하며 식탁에 몸을 바짝 기대었다.

"내가 반드시 해야만 하는 그 일은 나에게 영감처럼 다가왔소." 장군은 계속 말을 이었다.

"그 일이란 게?"

장군은 장애물에 직면했으나 그것을 성공적으로 타파한 사람만이 지을 수 있는 조용한 미소를 지었다. "나는 사냥할 만한 새로운 동물을 만들어 내야만 했소." 장군이 말했다.

"새로운 동물이라구요? 농담이겠죠?"

"전혀요." 장군이 말했다. "난 사냥에 관해서는 농담을 하지 않소. 나는 새로운 동물이 필요했고, 하나 찾아냈지요. 그래서 나는 이 섬을 사고, 이 집을 지어서, 바로 이곳에서 나의 사냥을 하고 있는 겁니다. 미로처럼 얽힌 정글과 언덕, 그리고 늪이 있는 이 섬은 나의 목적을 달성하기에 완벽한 곳이지요."

"하지만 그 동물은요, 장군님?"

"아!" 장군이 말했다. "그 동물이 나에게 세상에서 가장 흥분되는 사냥을 선사하지요. 그것과 단 한 순간이라도 비교할 수 있는 사냥이란 존재하지 않아요. 나는 매일 사냥을 하지만 이제는 전혀 지루해지는 법이 없소. 나의 사냥술에 필적할 만한 사냥감이 있기 때문이지."

레인스포드의 얼굴에 당혹감이 드러났다.

"나는 사냥하기에 이상적인 동물을 원했던 거요." 장군이 설명했다. "그래서 스스로에게 물었지요. '이상적인 사냥감의 특성이란 뭐지?' 그리고 물론 그 해답은, '용기, 노련미, 그리고 무엇보다도 반드시 사고력이 있어야 한다는 것이었소."

"하지만 동물은 사고를 할 수 없어요." 레인스포드는 이의를 제기했다.

"친애하는 동지여," 장군이 말했다. "그렇게 할 수 있는 한 가지가 있소."

"하지만 설마 그것을 말하는 것은…" 레인스포드는 너무 놀라 숨이 막힐 듯 했다.

"그것이 왜 안 된다는 겁니까?"

"당신이 진심이라는 것을 믿을 수 없군요, 자로프 장군님. 아주 불쾌한 농담이에요."

"왜 내가 진심이라는 것을 모릅니까? 난 사냥에 관해 말하고 있어요."

"사냥이라구요? 세상에, 자로프 장군님, 당신이 말하고 있는 것은 살인입니다."

장군은 너무나도 통쾌하게 웃음을 터뜨렸다. 그는 레인스포드를 미심쩍은듯 쳐다보았다. "당신같이 현대적이면서 문명화된 젊은이가 인간의 생명에 대해 그런 몽상적인 생각을 가지고 있다니 믿을 수 없군. 분명히 당신은 전쟁을 겪어 보았을 텐데…"

"제가 냉혈한 살인마를 묵과할 거라고 생각하지 마십시오." 레인스포드는 완고하게 장군의 말허리를 잘랐다.

장군은 박장대소 했다. "정말 당신은 유별난 익살꾼이군요!" 그가 말했다. "요즘 세상에, 그것도 미국에서 지식인 계층에 속하는 젊은이가 그런 순진하고, 이를 테면 빅토리아 시대 중엽(엄격, 점잔, 편협이 특징)쯤 되는 고리타분한 관점을 가지고 있으리라곤 아무도 예상하지 못할 거요. 그건 마치 리무진에서 코담배갑(코로 흡입하는 가루담배로 리무진과 같은 근대적인 사물과 대비된다)을 찾는 격이군요. 흠, 글쎄요, 당신의 조상이 청교도(엄격, 근엄을 상징)라는 점은 의심할 여지가 없겠군요. 많은 미국인들이 그런 것처럼 보이더군요. 장담컨데 당신이 나와 사냥을 나가게 되면 당신의 그런 견해는 곧 잊혀질 것이오. 당신도 내면에서는 진정한 새로운 스릴을 기다리고 있지 않소, 레인스포드 씨."

"고맙습니다. 하지만 나는 사냥꾼이지 살인자가 아닙니다."

"저런," 장군이 꽤 평온해진 어조로 말했다. "또 그런 유쾌하지 못한 말을 하는군. 당신 양심의 가책이 매우 잘못된 근거에서 나온 것이라는 것을 당신에게 보여줄 수 있다고 생각하는데."

"그래요?"

"삶이란 강한 자를 위한 것이고, 강한 자들이 이끌어 나가며, 필요하다면 강한 자가 빼앗을 수도 있는 것이오. 세상의 약자는 강한 자에게 즐거움을 주기 위해 존재할 뿐이지.

나는 강한 사람이오. 내 재능을 사용하지 못할 이유가 뭐란 말이오? 내가 사냥하기를 바란다면, 안할 이유가 무엇이겠소? 나는 이 지구 위의 인간쓰레기를 사냥하는 것이오. 동인도인, 흑인, 중국인, 코카서스인, 혼혈들이 섞여있는 떠돌이 배의 선원들 말이오. 순수 혈통의 말이나 사냥개들이 그런 사람들 20명보다 훨씬 가치가 있소.

"그렇지만 그들은 인간입니다." 레인스포드가 화를 내며 말했다.

"바로 그 점이오." 장군이 말했다. "바로 그러한 점 때문에 내가 그들을 이용하는 것이오. 그런 점이 나에게 즐거움을 주지. 그들에게는 그런대로 사고력이란 것이 있소. 그래서 그들은 위험하지."

"그렇다면 어디서 그자들을 데려오는 겁니까?"

장군은 왼쪽 눈꺼풀을 실룩거려 윙크했다. "이 섬은 배 잡는 덫이라 불리오." 장군이 답했다. "때때로 사나운 바다의 분노한 신이 나에게 그들을 데려다 준다오. 때때로, 신의 뜻이 그다지 협조적이지 않으면 내가 그 신의 섭리에 약간 조력하기도 하지. 나와 함께 창문으로 갑시다."

레인스포드는 창문으로 가서 바다를 향해 시선을 던졌다.

"보게! 저기 말이야!" 장군은 어둠을 가리키며 소리쳤다.

레인스포드의 눈에는 오직 어둠만이 보였다. 잠시 후 장군이 버튼을 누르자, 바다 저 멀리에서 불빛이 레인스포드의 눈에 들어왔다.

장군은 만족스러운 미소를 지었다. "저 불빛은 수로를 가리키고 있소." 장군이 말했다. "실제론 존재하지 않는 수로를 말이오. 대신 면도날처럼 날카로운 거대한 바위들이 입을 쩍 벌린 바다 괴물처럼 웅크리고 있지. 그 바위들은 내가 이 호두를 으깨는 것만큼이나 간단히 배들을 부셔버릴 수 있소. 그는 호두 하나를 딱딱한 마루바닥에 떨어뜨리고는 구두 뒷굽으로 으깨어버렸다. "참, 그렇지," 그가 아무렇지도 않은 듯이, 마치 누군가의 질문에 답하듯 말했다. "이곳에는 전기가 있소. 우리는 이곳을 문명화하기 위해 노력 중이오."

"문명화 됐다구요? 그러면서 사람을 쏴죽이나요?"

장군의 검은 눈에 분노의 기미가 보였으나 이내 사라졌다. 그는 굉장히 유쾌하다는 듯 말했다. "거참, 당신은 정말이지 올곧은 청년이군! 당신께 자신하지만 당신이 말한 것 같은 그런 일을 나는 하지 않소. 그런 일은 야만적이오. 나는 그러한 방문자들을 최대한 배려합니다. 그들은 질 좋은 음식을 양껏 먹으며 운동도 합니다. 그렇게 그들은 신체적으로 뛰어난 상태로 탈바꿈되지. 내일이면 당신도 직접 볼 수 있을 것이오."

"무슨 뜻인가요?"

"나의 양성소에 가보면 알게 될 겁니다." 장군이 미소를 지었다. "그곳은 지하실에 있고 현재는 대략 12명의 수련생들이 있소. 그들은 운 사납게도 저 바다의 바위에 난파된 스페인 범선 산 루카의 사람들이오. 말하기 유감스럽소만 매우 열등한 패거리들이지. 형편없는 표본들이오. 정글보다는 갑판에 더욱 익숙한 것들이지." 그가 손을 들어 올리자 식사 시중을 들던 아이반이 진한 터키식 커피를 가져왔다. 레인스포드는 하고 싶은 말이 있었으나 가까스로 참았다.

"그건 사냥감이오, 아시겠지만." 장군은 차분히 말을 이어갔다. "나는 그들 중 한 명에게 사냥을 할 것을 제안합니다. 그에게 음식과 훌륭한 사냥칼을 제공하고 그가 나보다 세 시간 먼저 출발하도록 한다오. 나는 가장 작은 구경과 사정거리를 가진 총 한 자루로만 무장하고 말이오. 만일 나의 사냥감이 꼬박 3일 동안 나를 피해 다닌다면, 그가 게임에서 이기는 것이오. 만일 내가 그를 발견한다면..." 장군은 미소를 띠었다. "그가 지는 것이오."

"만일 그가 사냥감이 되기를 거절하면요?"

"아!" 장군이 말했다. "물론 나는 그에게 선택권을 줍니다. 원하지 않으면 그 게임을 할 필요가 없지. 만일 그가 사냥하기를 원하지 않으면, 나는 그를 아이반에게 넘겨줍니다. 아이반은 한때 위대한 차르(러시아의 황제)를 위해 채찍으로 범죄자들을 벌주는 영예로운 임무를 수행했었다오. 그리고 스포츠에 관한 한 뚜렷한 소신을 갖고 있기도 하지요. 늘 말이지요, 레인스포드씨, 변함없이 그들은 사냥하기를 선택하더군요."

Ivan in movie

"그렇다면 만일 그들이 이기게 된다면?"

장군의 얼굴에 어린 미소가 더 넓어졌다. "오늘날까지 난 져 본 적이 없소." 그가 말했다. 그러고는 황급히 덧붙여 말했다. "나를 허풍선이라고 여기지 마시길 바라오, 레인스포드 씨. 그들 중 대다수는 아주 초보적인 수준의 도전거리들을 제공 할 뿐이오. 가끔 억척스러운 상대를 만나는 것도 사실이긴 하오. 한 명은 거의 이길 뻔도 했지. 나는 결국 개들을 사용해야만 했소."

"개라구요?"

"이쪽으로 오시지요. 보여드리겠습니다."

장군은 레인스포드를 창가로 안내했다. 창가에서 흘러나가는 불빛이 깜박거리는 조명이 되어 아래쪽 안마당에 기괴한 모양들을 만들어 내고 있었다. 그리고 레인스포드는 12개 가량의 커다란 검은 형태들의 움직임을 볼 수 있었는데 그것들이 그를 향해 돌아서자 눈동자들이 밝은 녹색으로 빛났다.

"상당히 훌륭한 무리라고 생각하고 있소." 장군이 말했다. "매일 저녁 7시가 되면 저것들을 풀어 놓는다오. 만일 누군

Hounds

가가 나의 집에 들어오려 한다거나 아니면 나가려는 경우 그 사람은 뭔가 극도로 유감스러운 일을 겪게 될 겁니다." 그는 폴리베르제르 쇼(맘보, 발레, 캉캉 등 다양한 춤을 볼 수 있는 프랑스식 쇼)에 나오는 노래 한 소절을 흥얼거렸다.

"자 이제," 장군이 말했다. "당신에게 나의 새로운 머리 장식 수집품을 보여드리고 싶군요. 나와 함께 서재로 가실까요?"

"죄송하지만," 레인스포드가 말했다. "오늘밤은 이만 물러갔으면 하는데요, 자로프 장군님. 몸이 별로 좋지 못하군요."

"아하, 그런가요?" 장군이 염려스러운 표정으로 물었다. "흠, 오랫동안 수영을 하셨으니 지금의 상태는 당연한 것이겠죠. 충분하고 편안한 수면이 필요하겠군요. 장담하건대 내일이면 새로운 남자가 된 듯한 기분이 들 겁니다. 그런데 우리의 사냥은 어쩌지요? 아주 유망한 기대주가 있는데······" 레인스포드는 서둘러 그 방에서 빠져나왔다.

"오늘밤 당신이 나와 같이 갈 수 없는 게 유감스럽군요." 장군이 소리쳤다. "상당히 대등한 경기를 기대하고 있소, 크고, 힘센 흑인이지. 기지도 있는 것처럼 보였소. 자, 안녕히 주무시오, 레인스포드 씨. 편안한 밤을 보내길 바라오."

침대는 훌륭했고 실크로 된 잠옷은 너무나도 부드러웠

다. 피곤함이 온몸에 밀려들었지만 레인스포드는 수면이라는 마취제로도 그의 머릿속을 진정시킬 수 없었다. 그는 두 눈을 크게 뜬 채 누워있었다. 어느 순간 방 밖에 있는 복도에서 살금살금 다가오는 발자국 소리가 들려왔다. 그는 창문을 열어젖히려고 노력했지만 허사였다. 그는 창문으로 밖을 내다보았다. 그의 방은 여러 개의 탑들 중 한 곳의 꼭대기에 있었다. 성의 불빛들은 꺼진 상태로 어둠과 침묵만이 감돌았다. 다만 꽁지만한 달 조각에서 나오는 창백한 빛으로 안마당을 희미하게 볼 수 있을 뿐이었다. 검은색의 소리 없는 형상들이 그림자처럼 왔다 갔다 하고 있었다. 사냥개들은 창가에 있는 그의 기척을 듣고는 뭔가를 기대하는 듯이 녹색 눈으로 그를 올려다보았다. 레인스포드는 침대로 돌아와 누웠다. 그리고 어떻게 해서든 잠을 자려고 애써보았다. 막 아침이 시작 될 무렵에야 간신히 잠이 든 그의 귓가에 저 멀리 정글로부터 희미한 총소리가 들려왔다.

자로프 장군은 점심 식사 때까지 모습을 나타내지 않다가 지방의 대지주가 입을 법한 트위드로 된 옷을 흠잡을 데 없이 차려 입고 나타났다. 그는 레인스포드의 건강 상태를 걱정했다.

"저로 말하자면," 장군은 한숨을 내쉬며 말했다. "근심스럽게도, 그다지 몸 상태가 좋지는 않군요. 레인스포드 씨. 지난밤에 저는 저의 오래된 고질병의 흔적을 감지했답니다."

레인스포드의 미심쩍어하는 표정에 장군은 말했다. "권태요. 무료함 말이오."

두 개째 크레쁘 쉬제뜨(얇은 디저트용 팬케이크)를 먹으며 장군이 설명했다. "어젯밤 사냥은 좋지 못했소. 그 녀석은 머리를 잃었지. 너무나도 쉽게 추적 할 수 있는 흔적들을 남기면서 돌아다녔거든. 그게 바로 이 선원들의 문제요. 애초부터 아둔한 머리를 가지고 있으니 숲 속에서 어떻게 돌아다녀야 하는지를 모르는 것 아니겠소. 너무나도 멍청하고 알기 쉬운 짓들을 한단 말이야. 거의 짜증이 날 지경이오. 샤블리 포도주 한 잔 더 하시겠소, 레인스포드 씨?

"장군님," 레인스포드가 단호히 말했다. "저는 즉시 이 섬을 떠나고 싶군요."

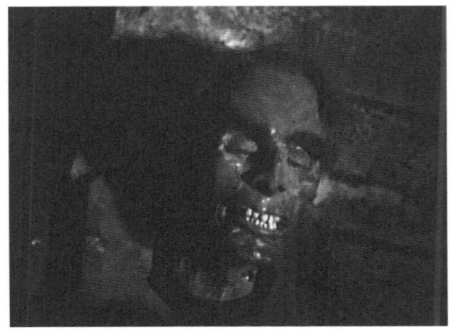

Zaroff's new collection in movie

The Most Dangerous Game

장군은 그의 덤불처럼 짙은 눈썹을 치켜 올렸다. 기분이 상한 듯했다. "하지만, 친애하는 친구," 장군이 항의했다. "당신은 이곳에 막 왔소. 아직 사냥도 하지 않았는데..."

"저는 오늘 떠나고 싶군요." 레인스포드가 말했다. 레인스포드는 칠흑같이 검은 장군의 눈이 그를 응시하며 면밀히 살펴보는 것을 보았다. 자로프 장군의 표정이 갑자기 밝아졌다.

그는 먼지가 묻은 병에 담긴 귀한 샤블리 와인으로 레인스포드의 잔을 채웠다.

"오늘밤," 장군이 말했다. "우리는 사냥을 할 것이오. 당신과 나 말이오."

레인스포드는 머리를 가로 저었다. "아닙니다, 장군." 그가 말했다. "저는 사냥을 하지 않을 겁니다."

장군은 어깨를 으쓱하더니 우아한 동작으로 온실에서 재배한 포도를 먹었다. "원하는 대로 하시지요, 친구." 그가 말했다. "선택권은 전적으로 당신에게 있습니다. 하지만 실례가 아니라면 아이반 보다는 제가 생각하는 경기가 당신께 더 즐거운 것이 될 것이라고 제안을 드려도 될까요?"

장군은 두꺼운 팔을 드럼통만한 가슴 위로 팔짱을 낀 채 험상궂은 얼굴로 모퉁이에 서있는 거인을 향해 고개를 끄덕였다.

"설마하니..." 레인스포드가 소리쳤다.

"친애하는 친구," 장군이 말했다. "제가 말하지 않던가요? 저는 사냥에 관해서라면 항상 진지하답니다." 이건 정말이지 고무적인 일이군요. 마침내 나타난 호적수에게 건배하지요." 장군이 그의 잔을 들어 올렸으나, 레인스포드는 그를 노려보며 앉아있었다.

"이 게임이 할 만한 가치가 있다는 것을 알게 될 것이오." 장군이 열정적으로 말했다. "당신의 두뇌는 나와 견줄 만하오. 숲에 대한 당신의 노련한 기술도 나와 견줄 만하오. 당신의 힘과 지구력도 나와 견줄 만하오. 몸으로 직접 뛰는 체스라! 해볼 만한 가치가 있는 내기지 않소?"

"그런데 만일 내가 이긴다면..." 레인스포드가 잠긴 목소리로 말했다.

"만일 내가 당신을 세 번째 날 자정까지 찾지 못한다면 기꺼이 내 자신이 패배했다는 것을 인정하리다." 자로프 장군이 말했다. "내 범선이 본토에 있는 가까운 마을까지 당신을 데려다 줄 것이오." 장군은 레인스포드의 생각을 읽고 있었다.

"오, 절 믿으세요." 그 코사크 사람이 말했다. "신사이자

스포츠맨으로서 약속드리리다. 대신 당신도 이곳을 방문한 일에 대해서 아무 말도 하지 않겠다는 것에 분명히 동의해야지요."

"그 어떤 것에도 동의하지 않겠습니다." 레인스포드가 말했다.

"오우," 장군이 말했다. "그렇다면 좋습니다. 지금 그런 것을 의논해봐야 뭐합니까? 별일 없다면 지금부터 삼일 뒤에 뵈브 클리코(고급 프랑스 샴페인의 한 종류)를 마시며 그 문제에 대해 이야기를 나눌 수도 있겠지요."

장군은 와인을 한 모금 마셨다.

그러고 나서 사무적인 분위기를 풍기며 말했다. "아이반이," 장군이 레인스포드에게 말했다. "당신에게 사냥 옷과 음식, 칼을 지급해 줄 거요. 모카신(인디언들이 신었던 밑이 평평한 노루 가죽신)을 신으라고 권장하고 싶소. 쉽게 흔적을 남기지 않거든. 섬의 남동쪽에 있는 거대한 늪도 피하라고 말하고 싶소. 우리는 그곳을 죽음의 늪이라고 합니다. 그곳엔 유사(流砂)도 있소. 한 멍청한 녀석이 그곳에 들어간 적이 있었는데, 안타깝게도 라자루스가 그놈을 뒤쫓았지 뭐요. 내 기분이 어땠는지 상상할 수 있을 것이오, 레인스포드 씨. 나는 라자루스를 아꼈소. 그놈은 사냥개 무리들 중에서도 단연 최고였지. 자, 이제 그만 실례를 해야겠군요.

나는 점심식사 후에는 항상 낮잠을 자오. 안됐소만 당신에 겐 낮잠 잘 여유는 없는 듯 보이는구려. 필시 당신은 지금 당장 출발하고 싶을 것이오. 나는 해질 무렵까지는 당신을 뒤쫓지 않을 것이오. 밤 사냥이 낮에 하는 사냥보다 훨씬 더 흥미진진하다고 생각하지 않소? 안녕히, 레인스포드 씨, 곧 봅시다." 자로프 장군은 기품 있게 허리를 크게 굽혀 인사를 하고는 방에서 걸어 나갔다.

Moccasins

또 다른 문으로는 아이반이 들어왔다. 그의 한 쪽팔 아래에는 카키색 사냥 옷과 음식이 든 숄더백, 그리고 긴 날의 사냥용 칼이 들어있는 가죽 칼집이 들려 있었고, 오른손은 허리춤에 있는 진홍색 띠 안에 꽂혀 있는 장전된 권총 위에 올려져 있었다.

레인스포드는 두 시간 동안 힘겹게 수풀을 헤치며 나아갔다. "정신을 똑바로 차려야만 해. 정신을 똑바로 차려야만 한다구." 그는 이를 앙다물고 말했다.

그는 성문이 그의 등 뒤에서 쾅하고 닫힐 때까지도 완전히 명석한 머리를 되찾지 못 했었다. 우선 그의 머릿속을 채운 것은 그와 자로프 장군 사이에 거리를 두어야 한다는 것이었다. 그리고 이 목적을 위해, 그는 길을 향해 돌진했었고 공포라는 명백한 추진력으로 속도에 박차를 가했었다. 이제야 그는 진정하고 멈추어 서서 자신과 주변상황을 살펴보기 시작했다. 그는 이 길로 곧장 달아나는 것은 쓸데없는 일이라는 것을 깨달았다. 그래봤자 바다와 맞닥뜨릴 뿐이었다. 그는 바다로 둘러싸인 한 폭의 그림 속에 있었고, 그의 작전은 명백히 그 틀 안에서 이루어져야 했다.

"따라올 테면 따라와 보라지." 레인스포드는 중얼거렸다. 그는 따라가던 조잡한 오솔길에서 벗어나 아무런 흔적도 남아있지 않은 황무지로 들어갔다. 그는 복잡하게 얽히고 설킨 길들을 만들어내며 움직였다. 그리고 여우 사냥에 관한 모든 지식과 여우가 부리는 모든 간계들을 떠올리며 그가 지나온 흔적 위로 되돌아오기를 여러 번 반복했다. 밤이 되자 그의 다리는 지쳤고 손과 얼굴은 빽빽이 들어찬 산등성이의 나뭇가지들로 인해 찢겨졌다. 힘이 남아 있더라도 어둠 속에서 어물쩍 돌아다니는 것은 정신 나간 짓이라는 것을 그는 알고 있었다. 그에게는 휴식이 절실했다. '이제까지는 여우처럼 행동했으니, 이제부터는 우화에 나오는 고양이*가 되어야만 해.'라고 그는 생각했다. 바로 근처에 두꺼운 줄기와 사방으로 펼쳐진 가지를 가진 큰 나무가 있었다. 약간의 표시라도 남기지 않도록 조심하면서 그는 가지의 분기점까지 기어 올라갔고 넓은 가지 하나를 골라 몸을 뻗어 그런대로 쉴 수 있었다. 휴식은 그에게 새로운 자신감과 안정감마저 가져다주었다. 아무리 자로프 장군과 같은 열성적인 사냥꾼이라도 그곳까지 그를 추적할 수는 없을 거라고 그는 혼자 중얼거렸다. 오직 악마만이 해가 진 정글에서도 그 복잡한 흔적을 추적할 수 있을 터였다. 하지만 장군이 그 악마일지도 모르지 않는가……

염려하던 밤이 상처 입은 뱀처럼 느리게 다가왔다. 정글에는 저승의 침묵이 내려앉았지만 레인스포드는 잠이 오지 않았다. 거무죽죽한 회색빛으로 하늘이 물드는 아침 무렵, 몇

---

* 레인스포드가 염두에 둔 이솝우화는 다음과 같다. 어느날 여우가 고양이에게 사냥꾼으로부터 도망치는 자신의 수많은 간계들에 대해 자랑하고 있었다. 그러자 고양이는 "나는 한 가지 방법밖에 모르는데…"하고 응수했다. 순간 사냥개들이 몰려오는 소리가 들렸고 고양이는 재빨리 나뭇가지 위로 뛰어올라 몸을 숨기면서 말했다 "이게 내 방법이야." 그런데 여우는 사냥개가 점점 가까워져 오도록 자기가 가진 수많은 간계들 중 어떤 것을 이용할까 갈등하다가 결국 사냥개들에게 물려 죽고말았다. 이 광경을 지켜보던 고양이가 말했다. "수많은 간계들도 안전한 한 가지 방법에 비하면 아무짝에도 쓸모가 없구만.."

마리 깜짝 놀란 새들의 울음소리 방향으로 레인스포드는 주의를 집중시켰다. 뭔가가 덤불을 헤치고 다가오고 있었고 그것은 느리면서도 주의 깊게 레인스포드가 지나왔던 바로 그 구불거리는 길을 따라 오고 있었다. 그는 나뭇가지 위에 몸을 납작하게 엎드리고는 융단만큼이나 두꺼운 잎사귀들의 장막 사이로 지켜보았다. 다가오고 있는 것은 한 남자였다.

그것은 자로프 장군이었다. 장군은 자신의 앞쪽에 있는 땅에 시선을 고정한 채 극도로 집중한 상태로 길을 따라오고 있었다. 그는 나무 바로 아래에서 멈춰 섰고 무릎을 꿇고는 땅을 조사했다. 충격이 표범처럼 그에게 막 달려들려는 찰라 그는 장군이 오른손에 뭔가 금속처럼 보이는 것을 쥐고 있는 것을 보았다. 그것은 소형 자동 권총이었다.

사냥꾼은 혼란스럽다는 듯 고개를 몇 차례 가로 저었다. 그러고 나서 꼿꼿이 일어나 담배 케이스에서 검은 담배를 하나 꺼냈다. 향료같이 톡 쏘는 연기가 레인스포드의 코에까지 실려 왔다.

레인스포드는 숨을 죽였다. 장군의 시선은 땅을 떠나 점차 나무 위쪽을 향하고 있었다. 레인스포드는 그 자리에서 얼어붙었고 모든 근육은 스프링처럼 튀어 올라야 할 상황에 대비해 긴장하고 있었다. 하지만 날카로운 사냥꾼의 눈은 레인스포드가 누워있는 나뭇가지에 도달하기 전에 멈추었다. 장군의 갈색 얼굴에 미소가 번져나갔다. 장군은 유유자적하며 공중으로 고리모양의 연기를 날려 보냈다. 그러고 나서 나무에서 등을 돌리고는 그가 왔던 길로 되돌아 태평히 걸어갔다. 그의 사냥용 부츠가 덤불과 마찰하며 내는 획하는 소리는 점차 희미해져갔다.

참고 있던 숨이 레인스포드에게서 터져 나왔다. 좀 전에 떠올랐던 생각에 그는 넌더리를 치며 망연자실했다. 장군은 밤에 숲을 가로질러 흔적을 따라온 것이었다. 그는 극도로 복잡한 그 흔적들을 따라 온 것이었다. 장군은 초인적인 힘을 가졌음에 틀림이 없었다. 아주 간발의 차이로 그 코사크 사람은 그의 사냥감을 찾는 데 실패한 것이었다.

레인스포드에게 떠오른 그 다음 생각은 훨씬 더 끔찍한 것이었다. 그 생각은 그의 온몸을 전율시킬 만큼 공포스러웠다. 왜 장군은 미소를 지었을까? 왜 그는 되돌아가버렸지?

레인스포드는 그의 이성이 말하고 있는 진실을 믿고 싶지 않았다. 하지만 그 진실은 지금 아침 안개를 뚫고 솟아오르고 있는 태양만큼이나 명백한 것이었다. 장군은 그를 가지고 놀았던 것이다! 장군은 하루 더 스포츠를 즐기기 위해 그를 남겨둔 것이었다. 그 코사크 사람이 고양이었고 그는 쥐였던 것이다. 그제서야 레인스포드는 공포의 진정한 의미를 알게 되었다.

"용기를 잃지 말아야 해. 용기를 잃진 않을 거야."

그는 나무에서 미끄러져 내려왔고 다시 한 번 숲을 향해 나아갔다. 그는 각오를 단단히 하고, 머리를 쓰려고 애썼다. 그가 숨어있던 곳에서 300야드(약 274미터) 떨어진, 거대한 고목이 작은 나무 위로 위태롭게 쓰러져 있는 장소에서 그는 멈추었다. 식량 배낭을 던져 놓은 후, 레인스포드는 칼집에서 칼을 꺼내 온 힘을 다해 일을 하기 시작했다.

마침내 계획은 완성되었고 그는 100피트(약 30미터) 떨어진 곳에 있는 쓰러진 통나무 밑으로 잽싸게 몸을 숨겼다. 오래 기다릴 필요도 없었다. 고양이는 쥐와 다시 한 번 놀기 위해 다가오고 있었다.

자로프 장군은 블러드하운드(영국산 경찰견)라는 확실한 탐지견을 데리고 흔적을 쫓고 있었다. 으스러진 풀이파리 하나, 부러진 작은 나뭇가지 하나, 이끼에 남겨진 아무리 희미한 흔적이라도 그 탐지견의 검은 눈을 피할 수는 없었다. 코사크인은 추적에 너무 열중한 나머지 레인스포드가 만들어놓은 장치를 미처 알아채지 못하고 걸려들었다. 그의 발이 장치를 움직이게 하는 튀어나온 나뭇가지를 건드린 것이었다. 그것을 건드리자마자 장군은 위험을 감지하고는 원숭이 같은 민첩함으로 뒤로 훌쩍 물러섰다. 하지만 충분히 빠르지는 못했다. 미리 잘라 놓은 작은 나무에 정교하게 맞

취져 있던 거대한 고목은 무너졌고, 쓰러지면서 장군의 어깨에 빗맞았다. 그의 경계심이 없었더라면 그는 그 아래서 짓뭉개졌음에 틀림이 없었다. 그는 비틀거렸지단 쓰러지지도 권총을 떨어뜨리지도 않았다. 그는 부상당한 어깨를 문지르며 그곳에 서 있었다. 레인스포드는 다시 한 번 공포가 그의 심장을 조여 오는 것을 느끼며 장군의 조롱하는 웃음소리가 정글에 울려 퍼지는 것을 들었다.

"레인스포드," 장군이 외쳤다. "당신이 내 목소리가 들리는 곳에 있다면 말이오, 짐작컨대 그런 것 같지만, 축하하오. 말레이식 인간 덫을 만들 줄 아는 사람은 많지가 않지. 운 좋게도 말이오, 나 역시 말라카(말레이 연방의 한 주)에서 사냥한 적이 있거든. 본인이 참으로 흥미로운 사람이라는 것을 입증 했군, 레인스포드 씨. 이제 나는 상처에 붕대를 감으러 가야겠소. 경미한 상처일 뿐이지만 갈이오. 하지만 곧 돌아오리다. 곧 돌아올 거요."

장군이 사라지고 타박상을 입은 어깨를 치료하는 동안, 레인스포드는 다시 도망치기 시작했다. 지금 몇 시간 동안이나 그를 움직이게 한 것은 바로 그 절망적이고 희망도 없는 도망이었다. 황혼이 왔고 곧이어 어둠이 찾아왔지만 그는 여전히 길을 재촉했다. 모카신 아래의 땅이 점점 부드러워졌다. 초목은 점점 무성해지고 **빽빽**해졌으며 곤충들이 맹렬이 그에게 달려들어 물었다.

그때 앞으로 내디딘 그의 발이 습지에 가라앉기 시작했다. 발을 잡아 빼려고 노력했지만 진흙은 마치 거대한 거머리라도 되는 것처럼 그의 발을 맹렬히 빨아들였다. 온갖 노력으로 잡아 찢듯 발을 잡아당긴 끝에 가까스로 벗어난 그는 그가 어디에 있는지 알아차렸다. 바로 죽음의 늪에 있다던 유사였다.

Quicksand

그는 마치 그의 용기가 손으로 만질 수 있는 물건이라서 어둠 속에 있는 누군가가 그의 손아귀로부터 그것을 낚아채 갈 것처럼 두 손을 단단히 쥐었다. 그리고 그 부드러운 땅이 그에게 아이디어를 주었다. 그는 유사에서 12걸음 가량 뒤로 물러났고 마치 선사시대의 거대한 비버처럼 땅을 파기 시작했다.

레인스포드는 단 일초라도 늦으면 바로 죽음을 의미하던 시절의 프랑스에서 참호를 판 적이 있었다. 그러나 지금 땅 파는 것에 비하면 그것은 재미로 하는 여가활동에 지나지 않았었다. 구덩이는 점점 깊어졌다. 그것이 어깨 조금 위의 높이에 왔을 때 그는 기어 나왔고 견고한 묘목에서 막대기를 잘라내어 끝이 뾰족하게 되도록 날카롭게 다듬었다. 그리고 그 막대기들의 뾰족한 부분이 위를 향하도록 구덩이의 바닥에 심은 다음, 날렵한 손길로 잡초들과 나뭇가지들로 엮어 만든 카펫으로 구덩이의 입구를 덮었다. 잠시 뒤, 땀에 젖고 피곤함으로 쑤셔오는 몸을 이끌고 그는 번개를 맞아 까맣게 타버린 나무의 그루터기 뒤에 몸을 웅크리고 앉았다.

그는 추적자가 다가오고 있음을 알았다. 부드러운 땅위로 터벅거리는 발소리가 들려왔고 밤의 산들바람은 그에게 장군의 담배 냄새를 가져다주었다. 레인스포드는 장군이 이상할 정도로 빠르게 다가오고 있다고 느꼈다. 장군은 그가 오고 있는 길을 한 발 한 발 제대로 살피지 못하고 있었다. 레인스포드가 웅크리고 있는 곳에서는 장군도 구덩이도 볼 수가 없었다.

일 년 같은 일 분이 지나갔다.

그때 그는 기쁨에 겨워 크게 소리를 지르고 싶은 충동을 느꼈는데 왜냐하면 구덩이의 덮개가 무너지면서 따다닥 하는 나뭇가지 부러지는 소리를 들었기 때문이었다. 그리고 뾰족한 막대기들이 그들의 목표물을 찾았다는 것을 알 수 있게 해주는 고통에 찬 비명소리가 들려왔다. 그는 은신처에서 뛰어나왔다가 다시 몸을 움츠리고 말았다. 구덩이에서 3피트쯤(약 1미터) 떨어진 곳에 손전등을 손에 들고 있는 한 남자가 서있었다.

"훌륭하군요, 레인스포드 씨." 장군의 목소리가 말했다. "당신의 버마 호랑이 함정이 내가 가진 최고의 개들 중 한 마리의 목숨을 앗아갔군요. 또 한 번 당신의 득점이오. 레인스포드 씨 당신이 내가 데리고 있는 모든 개떼들을 상대로는 어떻게 해낼지 지켜봐야겠다는 생각이 드는군요. 이제 나는 쉬러가겠소. 너무나도 즐거운 저녁을 선사해 줘서 고맙소."

늪 근처에 누워있던 레인스포드는 새벽녘이 되자 어떤 소리에 잠이 깼는데 그것은 그에게 공포를 느낄 만한 새로운 일이 닥쳤음을 알려주는 것이었다. 그 소리는 멀리 떨어져 있었고, 희미하며 들릴락 말락 했지만 그가 알 만한 소리였다. 그것은 한 무리의 사냥개들이 짖는 소리였다.

레인스포드는 그가 할 수 있는 두 가지 중 하나를 선택

해야 함을 알았다. 하나는 그가 있는 곳에 머무르며 기다리는 것이었다. 그것은 자살행위다. 다른 하나는 도망치는 것이다. 그러나 그것도 필연적으로 닥칠 일을 잠시 지연시킬 뿐이었다. 잠시 그는 그곳에 서서 생각했다. 그에게 무모하지만 승산이 있는 아이디어 하나가 떠올랐다. 그는 벨트를 단단히 조여 매고는 늪에서 벗어나기 시작했다.

개떼들의 짖는 소리는 점점 가까워졌고, 조금 지나자 훨씬 가까워졌으며 점점 가까이 다가왔다. 그는 산등성이에 이르러 나무 위로 올라갔다. 개울가 아래쪽, 4분의 1 마일(약 400미터)도 안 되는 거리에 있는 풀숲이 움직이는 것을 볼 수 있었다. 그는 눈을 크게 뜨고 살펴보다가 자로프 장군의 호리호리한 형상을 보았다. 그리고 키 높은 정글의 수풀을 뚫고 솟아오른 넓은 어깨를 지닌 또 다른 형상 하나가 장군 바로 앞에 있는 것도 식별해 냈다. 그 형상은 거인 아이반이었다. 그는 보이지 않는 힘에 의해서 앞으로 잡아당겨지고 있는 것처럼 보였는데, 레인스포드는 아이반이 줄로 개떼들을 붙잡고 있는 게 틀림없다고 생각했다.

그들은 곧 들이닥칠 것이었다. 그의 머리는 미친 듯이 돌아갔다. 그는 우간다에서 배웠던 원주민의 속임수를 생각해냈다. 그는 나무에서 미끄러져 내려갔다. 그리고 용수철처럼 탄력성이 좋은 어린 나무 하나에 칼날이 길 쪽으로 향하게 한 상태로 사냥칼을 고정시킨 다음, 야생 포도나무 덩

굴로 나무가 움직이지 않도록 잡아 묶었다. 그러고 나서 그는 죽을힘을 다해 달렸다. 사냥개들은 새로운 냄새를 맡자 목청 높여 짖어댔다. 레인스포드는 이제야 궁지에 몰린 동물들의 기분이 어떤지 알게 되었다.

그는 숨을 고르기 위해 멈춰야 했다. 개들의 짖는 소리가 급작스럽게 멈추었고, 레인스포드의 심장 역시 멈추었다. 그들이 칼이 있는 곳에 도달한 것이 틀림없었다.

그는 흥분하여 나무 위로 기어 올라갔고 뒤쪽을 쳐다보았다. 그의 추적자들도 멈춰있었다. 하지만 나무 위에 올라섰을 때 레인스포드의 머릿속에 있던 희망은 사라져버렸다. 왜냐하면 얕은 계곡 속에서 여전히 두 발로 서있는 자로프 장군을 보았기 때문이었다. 하지만 아이반은 보이지 않았다. 용수철 역할을 한 나무의 반동으로 작동된 칼이 완전히 실패한 것은 아니었다.

레인스포드는 개떼들이 다시 짖기 시작하자마자 땅으로 허둥지둥 내려왔다.

"용기, 용기, 용기를 내자!" 그는 돌진해나가며 숨을 헐떡였다. 바로 코앞에 있는 나무들 사이로 푸른색 틈새가 보였다. 개떼들은 여지없이 가까워지고 있었다. 레인스포드는 그 틈새로 자신을 몰아갔다. 그는 그곳에 도달했다. 그곳은 해변이었다. 작은 만 건너편으로 성의 음울한 회색 돌들이 보였다. 그의 발밑 20피트(약 6미터) 아래로 바다가 우렁차게 물결치며 쏴쏴 소리를 내고 있었다. 레인스포드는 망설였다. 그는 사냥개들의 소리를 들었다. 잠시 뒤 그는 저 까마득한 바다 속으로 뛰어 들었다.

장군과 개떼들은 바닷가에 도착했고 그제서야 그 코사크인은 멈추었다. 그는 몇 분 동안 멈춰 서서 청록색의 드넓은 바다를 응시하다가 어깨를 으쓱했다. 그러고는 자리에 앉아 은색 플라스크(위스키 등을 담는 납작한 휴대용 병)에 담긴 브랜디를 한 모금 마셨고 담배에 불을 붙인 뒤 마담 버터플라이(이탈리아 작곡가 푸치니의 오페라)에 나오는 곡조 한 소절을 흥얼거렸다.

Flask

자로프 장군은 그날 저녁 웅대한 벽으로 둘러싸인 그의 식당에서 어마어마한 만찬을 즐겼다. 폴 로저 샴페인 한 병과 샹베르땡 와인 반 병도 곁들였다. 그러나 약간 거슬리는 두 가지 문제가 완벽한 즐거움을 방해하고 있었다. 하나는 아이반을 대체하는 일이 어려울 거라는 생각이었다. 다른 하나는 그의 사냥감이 그에게서 탈출했다는 것이었다. '물론 그 미국인은 애초에 게임을 할 생각이 없었던 게지', 그렇게 생각하며 장군은 식후에 마시는 술을 음미하고 있었다. 그는 자신을 달랠 요량으로 서재에서 마르쿠스 아우렐리우스의 작품들을 읽었다. 열시에 그는 침실로 올라갔다. 방문을 걸어 잠그며 그는 기분 좋게 피곤하다고 혼잣말을 했다. 약간의 달빛이 있었으므로 불을 켜기 전에 그는 창가로 가서 안마당을 내려다보았다. 그는 거대한 사냥개들을 내려다보며 소리쳤다. "다음번 행운을 기대하자꾸나." 그러고 나서 전등의 스위치를 켰다.

침대의 커튼 뒤에 줄곧 숨어있었던 남자가 그곳에 서있었다.

"레인스포드!" 장군이 비명을 질렀다. "세상에, 도대체 어떻게 이곳에 온 거요?"

"수영했지." 레인스포드가 말했다. "정글을 통과해서 걷는 것보다는 그게 빠르다는 것을 알아냈거든."

장군은 숨을 삼키고는 미소를 지었다. "축하드리오." 그가 말했다. "당신이 게임에서 이겼소."

레인스포드는 웃지 않았다. "나는 여전히 궁지에 몰린 한 마리 짐승이오." 그가 낮고 쉰 목소리로 말했다. "준비하시오, 자로프 장군."

장군은 깊숙이 허리 숙여 인사를 했다. "알겠소." 그가 말했다. "멋진데! 우리 중 한 명이 사냥개들에게 한 끼 식사를 제공하고, 나머지 한 명은 바로 이 훌륭한 침대에서 잠을 자게 된다는 말이군. 자 시작해 볼까, 레인스포드..."

......

레인스포드는 이보다 더 좋은 침대에서 자본적은 없다고 생각했다.

— ***The End*** —

옮긴이의 글

리차드 코넬의 「가장 위험한 게임」은 단 한 순간도 긴장을 늦출 수 없는 그야말로 서스펜스 그 자체이다. 음산한 섬에 대한 이야기로 서서히 고조된 긴장감은 레인스포드가 배에서 떨어지는 그 순간부터 고삐를 늦추지 않고 마지막 문장까지 숨가쁘게 이어진다. 그리고 그 긴장감의 중심에는 자로프 장군이 있다. 자로프라는 캐릭터는 셰익스피어의 희곡 「템페스트」의 주인공 프로스페로에서 영감을 받은 것으로 알려져 있다. 외딴섬을 자신만의 왕국으로 꾸며 온갖 마법으로(자로프의 마법은 근대적인 과학기술이다) 사람들을 농락하는 설정은 무척이나 비슷하다. 그러나 그 둘의 목적은 극과 극이다. 프로스페로가 마법으로 폭풍을 일으켜 자신만의 섬으로 사람들을 끌어들이는 이유는 자신을 배반한 동생을 회개시키고 권력자들을 화합시키기 위해서지만 자로프가 자신의 섬으로 사람들을 끌어들이는 이유는 오로지 자신만의 쾌락, '사냥(?)'을 위해서이다. 순전한 악(惡), 그 자체로 묘사되어 어찌보면 비현실적으로 느껴지는 자로프라는 캐릭터가 개연성을 가지는 것은 인물에 대한 적절한 설정 때문이다. 러시아 황실의 친위대 역할을 하며 군사조직처럼 형성된 아주 독특한 배경을 가진 코사크족의 호전성에, 볼셰비키 혁명으로 한순간에 소리소문 없이 사라진 러시아 귀족들에 대한 신비감이 덧붙여져 탄생한 캐릭터가 바로 자로프 장군인 것이다. 한편 자로프의 세계관과 반목하던 레인스포드가 이야기의 끝에서, 암시적이지만 자로프와의 마지막 대결을 자청하여 그를 죽이고 만족감을 느끼며 휴식을 취한다는 설정은 인간의 본성에 대한 깊은 사색을 불러일으키기도 한다.

   이 작품을 서스펜스의 걸작으로 만드는 또 하나의 요소는 치밀하고 정확한 문체이다. 단 하나의 단어도 낭비되지 않고 경제적으로 쓰여진 리차드 코넬의 글쓰기는 작품의 긴장감을 증폭시키는 데 단단히 한몫하고 있다. 이 작품이 미국의 영어 수업시간에 필독서로 손꼽히는 이유가 여기에 있다. 영어원문과 함께 주요 단어가 정리되어 있는 이 책이 독자들의 영어 실력을 가늠해 주고 효과적으로 향상시킬 수 있는 영어 학습서 역할도 하리라 기대한다.

2009년 3월
공지은

책 반대편부터 펼치면 영어 원문을 읽을 수 있습니다.

Turn the book over to read the Korean version.

winding 꾸불꾸불한

withdrew 물러가다

woodcraft 산에 대한(사냥, 야영 등) 노련한 기술

wove weave(짜다, 엮다, 꾸미다)의 과거, 과거분사

wrench 비틀다, 잡아서 떼다

wrestle oneself 분투하다

Z

zealous 열광적인

turn in   잠자리에 들다

twig   작은 가지

U

uncanny   초자연적인, 으스스한

unruffled   조용한, 평온한, 주름 잡히지 않은

utter   전적인, 완전한

V

varnishing   (니스를) 칠하다

venerable   존경할 만한, 유서 깊은, 존귀한

veuve cliquot(프)   뵈브 클리코(고급 샴페인의 일종)

viciously   악의적으로

W

wager   내기, 노름

wan   핏기 없는, 나른한, 역부족의

wavering   흔들리는, 펄럭이는

weariness   피로, 녹초

weaving in and out   지그재그로 나아가다

whipped   죽도록 얻어맞은, 거품을 일게 한

surge 파도처럼 밀려오다, 넘실거리다

surmount 오르다, 넘어서다, 극복하다

swiftly 신속히

swirling 소용돌이치는

swish 휘두르다, 휙 소리를 내다

T

tackle 맞붙다, 달려들다

taint 더럽히다, 오염시키다

take place 발생하다, 개최되다

taking stock of 보유하고 있는

tangible 실체적인, 명백한

tangle 엉키다

tapestry 벽걸이 융단

tartar 주석(酒石), 포악한 인간

thoroughbred 순혈종의, 우수한

thrash about 몸부림치다, 뒹굴다

thrust 밀치다, 추방하다

torch 횃불

trait 특성, 이목구비

tramp 쾅쾅거리며 걷다

trigger 방아쇠

trim 꾸미다, 치장하다, 다듬다

snarl   뒤얽힘, 엉클어짐

snow leopard   (중앙아시아 산지) 살쾡이

snuffbox   코담배갑

so to speak   말하자면

solicitously   세심하게, 정성스럽게

soothe   달래다, 진정시키다

spare   여윈, 홀쭉한

spring up   튀어 오르다, 벌떡 일어나다

springy   탄력이 있는, 경쾌한

squire   시골의 대지주

stagger   비틀거리다, 동요하다, 망설이다

stake   말뚝 내기

stalk   몰래 접근하다, 가만히 뒤를 밟다

stealthy   남의 눈을 피하는, 비밀의

steamer chair   갑판의자, 접이식 휴대용의자

steer   조종하다, 이끌다, 나아가다

strain   응시하다

strangle   질식시키다

strike off   옆길로 빠지다, 잘라버리다, 제명하다

stroke   수영법, 수영의 한 동작

stroll   산책하다, 방랑하다

stump   나무 그루터기

suggestive   암시하는, 넌지시 비추는

superstition   미신

repast   식사, 식사량

report   총성

rest   휴식, 쉬다, 드러눕다

rhinoceros   코뿔소

ridge   산등성이

rot   잠꼬대 같은 소리, 허튼소리

rude   버릇없는, 미완성의, 조잡한

rumble   우르르 울리다

S

sapling   묘목, 어린 나무

sash   어깨띠, 허리띠

scowl   얼굴을 찌푸리다, 노려보다

scruples   양심의 가책

scum   찌꺼기, 인간 쓰레기

seafaring   항해의, 선원을 직업으로 하는

shatter   산산히 부서지다

sheath   칼집, 덮개

shin   정강이, 기어오르다

shrug   어깨를 으쓱하다

singularly   대단히, 유별나게

sloop   범선의 일종, 외돛배

snapped   술 취한, 체포된

The Most Dangerous Game

by Richard Connell

Copyright©1924 by *Collier's*
La Comédie Humaine is publishing this original edition of
The Most Dangerous Game,
due to its public domain status.

The Poster of the movie based on Richard Connell's short story

"OFF THERE to the right–somewhere–is a large island," said Whitney. "It's rather a mystery—"

"What island is it?" Rainsford asked.

"The old charts call it 'Ship-Trap Island,'" Whitney replied. "A suggestive name, isn't it? Sailors have a curious dread of the place. I don't know why. Some superstition—"

"Can't see it," remarked Rainsford, trying to peer through the dank tropical night that was palpable as it pressed its thick warm blackness in upon the yacht.

"You've good eyes," said Whitney, with a laugh, "and I've seen you pick off a moose moving in the brown fall bush at four hundred yards, but even you can't see four miles or so through a moonless Caribbean night."

"Nor four yards," admitted Rainsford. "Ugh! It's like moist black velvet."

"It will be light enough in Rio," promised Whitney. "We should make it in a few days. I hope the jaguar guns have come from Purdey's. We should have some good hunting up the Amazon. Great sport, hunting."

"The best sport in the world," agreed Rainsford.

"For the hunter," amended Whitney. "Not for the jaguar."

"Don't talk rot, Whitney," said Rainsford. "You're a big-game hunter, not a philosopher. Who cares how a jaguar feels?"

"Perhaps the jaguar does," observed Whitney.

"Bah! They've no understanding."

"Even so, I rather think they understand one thing-fear. The fear of pain and the fear of death."

"Nonsense," laughed Rainsford. "This hot weather is making you soft, Whitney. Be a realist. The world is made up of two classes–the hunters and the huntees. Luckily, you and I are hunters. Do you think we've passed that island yet?"

"I can't tell in the dark. I hope so."

"Why?" asked Rainsford.

"The place has a reputation-a bad one."

"Cannibals?" suggested Rainsford.

"Hardly. Even cannibals wouldn't live in such a God-forsaken place. But it's gotten into sailor lore,

somehow. Didn't you notice that the crew's nerves seemed a bit jumpy today?"

"They were a bit strange, now you mention it. Even Captain Nielsen—"

"Yes, even that tough-minded old Swede, who'd go up to the devil himself and ask him for a light. Those fishy blue eyes held a look I never saw there before. All I could get out of him was 'This place has an evil name among seafaring men, sir.' Then he said to me, very gravely, 'Don't you feel anything?'–as if the air about us was actually poisonous. Now, you mustn't laugh when I tell you this–I did feel something like a sudden chill. There was no breeze. The sea was as flat as a plate-glass window. We were drawing near the island then. What I felt was a–a mental chill; a sort of sudden dread."

"Pure imagination," said Rainsford. "One superstitious sailor can taint the whole ship's company with his fear."

"Maybe. But sometimes I think sailors have an extra sense that tells them when they are in danger. Sometimes I think evil is a tangible thing–with wave lengths, just as sound and light have. An evil place can, so to speak, broadcast vibrations of evil. Anyhow, I'm glad we're getting out of this zone. Well, I think I'll turn in now, Rainsford."

"I'm not sleepy," said Rainsford. "I'm going to smoke another pipe up on the afterdeck."

"Good night, then, Rainsford. See you at breakfast."

"Right. Good night, Whitney."

There was no sound in the night as Rainsford sat there but the muffled throb of the engine that drove the yacht swiftly through the darkness, and the swish and ripple of the wash of the propeller.

Rainsford, reclining in a steamer chair, indolently

puffed on his favorite brier. The sensuous drowsiness of the night was on him. "It's so dark," he thought, "that I could sleep without closing my eyes; the night would be my eyelids—"

Rainsford in movie

An abrupt sound startled him. Off to the right he heard it, and his ears, expert in such matters, could not be mistaken. Again he heard the sound, and again. Somewhere, off in the blackness, someone had fired a gun three times.

Rainsford sprang up and moved quickly to the rail, mystified. He strained his eyes in the direction from which the reports had come, but it was like trying to see through a blanket. He leaped upon the rail and balanced himself there, to get greater elevation; his pipe, striking a rope, was knocked from his mouth. He lunged for it; a short, hoarse cry came from his lips as he realized he had reached too far and had lost his balance. The cry was pinched off short as the blood-warm waters of the Caribbean Sea dosed over his head.

He struggled up to the surface and tried to cry out, but the wash from the speeding yacht slapped him in the face and the salt water in his open mouth made him gag and strangle. Desperately he struck out with strong strokes after the receding lights of the yacht, but he stopped before he had swum fifty feet. A certain coolheadedness had come to him; it was not the first time he had been in a tight place. There was a chance that his cries could be heard by someone aboard the yacht, but that chance was slender and grew more slender as

the yacht raced on. He wrestled himself out of his clothes and shouted with all his power. The lights of the yacht became faint and ever-vanishing fireflies; then they were blotted out entirely by the night.

Rainsford remembered the shots. They had come from the right, and doggedly he swam in that direction, swimming with slow, deliberate strokes, conserving his strength. For a seemingly endless time he fought the sea. He began to count his strokes; he could do possibly a hundred more and then—

Rainsford heard a sound. It came out of the darkness, a high screaming sound, the sound of an animal in an extremity of anguish and terror.

He did not recognize the animal that made the sound; he did not try to; with fresh vitality he swam toward the sound. He heard it again; then it was cut short by another noise, crisp, staccato.

"Pistol shot," muttered Rainsford, swimming on.

Ten minutes of determined effort brought another sound to his ears–the most welcome he had ever heard–the muttering and growling of the sea breaking on a rocky shore. He was almost on the rocks before he saw them; on a night less calm he would have been shattered against them. With his remaining strength he dragged himself from the swirling waters. Jagged crags appeared to jut up into the opaqueness; he forced himself upward, hand over hand. Gasping, his hands raw, he reached a flat place at the top. Dense jungle came down to the very edge of the cliffs. What perils that tangle of trees and underbrush might hold for him did not concern Rainsford just then. All he knew was that he was safe from his enemy, the sea, and that utter weariness was on him. He flung himself down at the jungle edge and tumbled headlong into the deepest sleep of his life.

When he opened his eyes he knew from the position of the sun that it was late in the afternoon. Sleep had given him new vigor; a sharp hunger was picking at him. He looked about him, almost cheerfully.

"Where there are pistol shots, there are men. Where there are men, there is food," he thought. But what kind of men, he wondered, in so forbidding a place? An unbroken front of snarled and ragged jungle fringed the shore.

He saw no sign of a trail through the closely knit web of weeds and trees; it was easier to go along the shore, and Rainsford floundered along by the water. Not far from where he landed, he stopped.

Some wounded thing–by the evidence, a large animal–had thrashed about in the underbrush; the jungle weeds were crushed down and the moss was lacerated; one patch of weeds was stained crimson. A small, glittering object not far away caught Rainsford's eye and he picked it up. It

was an empty cartridge.

"A twenty-two," he remarked. "That's odd. It must have been a fairly large animal too. The hunter had his nerve with him to tackle it with a light gun. It's clear that the brute put up a fight. I suppose the first three shots I heard was when the hunter flushed his quarry and wounded it. The last shot was when he trailed it here and finished it."

He examined the ground closely and found what he had hoped to find–the print of hunting boots. They pointed along the cliff in the direction he had been going. Eagerly he hurried along, now slipping on a rotten log or a loose stone, but making headway; night was beginning to settle down on the island.

Bleak darkness was blacking out the sea and jungle when Rainsford sighted the lights. He came upon them as he turned a crook in the coast line; and his first thought was that he had come upon

a village, for there were many lights. But as he forged along he saw to his great astonishment that all the lights were in one enormous building –a lofty structure with pointed towers plunging upward into the gloom. His eyes made out the shadowy outlines of a palatial chateau; it was set on a high bluff, and on three sides of it cliffs dived down to where the sea licked greedy lips in the shadows.

"Mirage," thought Rainsford. But it was no mirage, he found, when he opened the tall spiked iron gate. The stone steps were real enough; the massive door with a leering gargoyle for a knocker was real enough; yet above it all hung an air of unreality.

He lifted the knocker, and it creaked up stiffly, as if it had never before been used. He let it fall, and it startled him with its booming loudness. He thought he heard steps within; the door remained closed. Again Rainsford lifted the heavy knocker, and let it fall. The door opened then–opened as

The door in movie

suddenly as if it were on a spring—and Rainsford stood blinking in the river of glaring gold light that poured out. The first thing Rainsford's eyes discerned was the largest man Rainsford had ever seen—a gigantic creature, solidly made and black bearded to the waist. In his hand the man held a long-barreled revolver, and he was pointing it straight at Rainsford's heart.

Out of the snarl of beard two small eyes regarded Rainsford.

"Don't be alarmed," said Rainsford, with a smile which he hoped was disarming. "I'm no robber.

I fell off a yacht. My name is Sanger Rainsford of New York City."

The menacing look in the eyes did not change. The revolver pointing as rigidly as if the giant were a statue. He gave no sign that he understood Rainsford's words, or that he had even heard them. He was dressed in uniform—a black uniform trimmed with gray astrakhan.

"I'm Sanger Rainsford of New York," Rainsford began again. "I fell off a yacht. I am hungry."

The man's only answer was to raise with his thumb the hammer of his revolver. Then Rainsford saw the man's free hand go to his forehead in a military salute, and he saw him click his heels together and stand at attention. Another man was coming down the broad marble steps, an erect, slender man in evening clothes. He advanced to Rainsford and held out his hand.

In a cultivated voice marked by a slight accent

that gave it added precision and deliberateness, he said, "It is a very great pleasure and honor to welcome Mr. Sanger Rainsford, the celebrated hunter, to my home."

Automatically Rainsford shook the man's hand.

"I've read your book about hunting snow leopards in Tibet, you see," explained the man. "I am General Zaroff."

Zaroff in movie

Rainsford's first impression was that the man was singularly handsome; his second was that

there was an original, almost bizarre quality about the general's face. He was a tall man past middle age, for his hair was a vivid white; but his thick eyebrows and pointed military mustache were as black as the night from which Rainsford had come. His eyes, too, were black and very bright. He had high cheekbones, a sharpcut nose, a spare, dark face–the face of a man used to giving orders, the face of an aristocrat. Turning to the giant in uniform, the general made a sign. The giant put away his pistol, saluted, withdrew.

"Ivan is an incredibly strong fellow," remarked the general, "but he has the misfortune to be deaf and dumb. A simple fellow, but, I'm afraid, like all his race, a bit of a savage."

"Is he Russian?"

"He is a Cossack," said the general, and his smile showed red lips and pointed teeth. "So am I."

"Come," he said, "we shouldn't be chatting here.

We can talk later. Now you want clothes, food, rest. You shall have them. This is a most-restful spot."

Ivan had reappeared, and the general spoke to him with lips that moved but gave forth no sound.

"Follow Ivan, if you please, Mr. Rainsford," said the general. "I was about to have my dinner when you came. I'll wait for you. You'll find that my clothes will fit you, I think."

It was to a huge, beam-ceilinged bedroom with a canopied bed big enough for six men that Rainsford followed the silent giant. Ivan laid out an evening suit, and Rainsford, as he put it on, noticed that it came from a London tailor who ordinarily cut and sewed for none below the rank of duke.

The dining room to which Ivan conducted him was in many ways remarkable. There was a medieval magnificence about it; it suggested

a baronial hall of feudal times with its oaken panels, its high ceiling, its vast refectory tables where twoscore men could sit down to eat. About the hall were mounted heads of many animals –lions, tigers, elephants, moose, bears; larger or more perfect specimens Rainsford had never seen. At the great table the general was sitting, alone.

Stuffed heads of animals

"You'll have a cocktail, Mr. Rainsford," he suggested. The cocktail was surpassingly good; and, Rainsford noted, the table appointments were of the finest–the linen, the crystal, the silver, the china.

They were eating borsch, the rich, red soup with whipped cream so dear to Russian palates. Half apologetically General Zaroff said, "We do our best to preserve the amenities of civilization here. Please forgive any lapses. We are well off the beaten track, you know. Do you think the champagne has suffered from its long ocean trip?"

"Not in the least," declared Rainsford. He was finding the general a most thoughtful and affable host, a true cosmopolite. But there was one small trait of .the general's that made Rainsford uncomfortable. Whenever he looked up from his plate he found the general studying him, appraising him narrowly.

"Perhaps," said General Zaroff, "you were surprised that I recognized your name. You see, I read all books on hunting published in English, French, and Russian. I have but one passion in my life, Mr. Rainsford, and it is the hunt."

"You have some wonderful heads here," said Rainsford as he ate a particularly well-cooked filet mignon. "That Cape buffalo is the largest I ever saw."

"Oh, that fellow. Yes, he was a monster."

"Did he charge you?"

"Hurled me against a tree," said the general. "Fractured my skull. But I got the brute."

"I've always thought," said Rainsford, "that the Cape buffalo is the most dangerous of all big game."

For a moment the general did not reply; he was smiling his curious red-lipped smile. Then he said slowly, "No. You are wrong, sir. The Cape buffalo is not the most dangerous big game." He sipped his wine. "Here in my preserve on this island," he said in the same slow tone, "I hunt more dangerous game."

Cape Buffalo

Rainsford expressed his surprise. "Is there big game on this island?"

The general nodded. "The biggest."

"Really?"

"Oh, it isn't here naturally, of course. I have to stock the island."

"What have you imported, general?" Rainsford asked. "Tigers?"

The general smiled. "No," he said. "Hunting tigers ceased to interest me some years ago. I exhausted their possibilities, you see. No thrill left in tigers, no real danger. I live for danger, Mr. Rainsford."

The general took from his pocket a gold cigarette case and offered his guest a long black cigarette with a silver tip; it was perfumed and gave off a smell like incense.

"We will have some capital hunting, you and I," said the general. "I shall be most glad to have your society."

"But what game—" began Rainsford.

"I'll tell you," said the general. "You will be amused, I know. I think I may say, in all modesty, that I have done a rare thing. I have invented a new sensation. May I pour you another glass of port?"

24

"Thank you, general."

The general filled both glasses, and said, "God makes some men poets. Some He makes kings, some beggars. Me He made a hunter. My hand was made for the trigger, my father said. He was a very rich man with a quarter of a million acres in the Crimea, and he was an ardent sportsman. When I was only five years old he gave me a little gun, specially made in Moscow for me, to shoot sparrows with. When I shot some of his prize turkeys with it, he did not punish me; he complimented me on my marksmanship. I killed my first bear in the Caucasus when I was ten. My whole life has been one prolonged hunt. I went into the army–it was expected of noblemen's sons –and for a time commanded a division of Cossack cavalry, but my real interest was always the hunt. I have hunted every kind of game in every land. It would be impossible for me to tell you how many animals I have killed."

The general puffed at his cigarette.

"After the debacle in Russia I left the country, for it was imprudent for an officer of the Czar to stay there. Many noble Russians lost everything. I, luckily, had invested heavily in American securities, so I shall never have to open a tearoom in Monte Carlo or drive a taxi in Paris. Naturally, I continued to hunt–grizzliest in your Rockies, crocodiles in the Ganges, rhinoceroses in East Africa. It was in Africa that the Cape buffalo hit me and laid me up for six months. As soon as I recovered I started for the Amazon to hunt jaguars, for I had heard they were unusually cunning. They weren't." The Cossack sighed. "They were no match at all for a hunter with his wits about him, and a high-powered rifle. I was bitterly disappointed. I was lying in my tent with a splitting headache one night when a terrible thought pushed its way into my mind. Hunting was beginning to bore me! And hunting, remember, had been my life. I have heard that in America businessmen often go to pieces when they give up the business that has been their life."

"Yes, that's so," said Rainsford.

The general smiled. "I had no wish to go to pieces," he said. "I must do something. Now, mine is an analytical mind, Mr. Rainsford. Doubtless that is why I enjoy the problems of the chase."

"No doubt, General Zaroff."

"So," continued the general, "I asked myself why the hunt no longer fascinated me. You are much younger than I am, Mr. Rainsford, and have not hunted as much, but you perhaps can guess the answer."

"What was it?"

"Simply this: hunting had ceased to be what you call 'a sporting proposition.' It had become too easy. I always got my quarry. Always. There is no greater bore than perfection."

The general lit a fresh cigarette.

"No animal had a chance with me anymore. That is no boast; it is a mathematical certainty. The animal had nothing but his legs and his instinct. Instinct is no match for reason. When I thought of this it was a tragic moment for me, I can tell you."

Rainsford leaned across the table, absorbed in what his host was saying.

"It came to me as an inspiration what I must do," the general went on.

"And that was?"

The general smiled the quiet smile of one who has faced an obstacle and surmounted it with success. "I had to invent a new animal to hunt," he said.

"A new animal? You're joking."

"Not at all," said the general. "I never joke about

hunting. I needed a new animal. I found one. So I bought this island built this house, and here I do my hunting. The island is perfect for my purposes –there are jungles with a maze of traits in them, hills, swamps—"

"But the animal, General Zaroff?"

"Oh," said the general, "it supplies me with the most exciting hunting in the world. No other hunting compares with it for an instant. Every day I hunt, and I never grow bored now, for I have a quarry with which I can match my wits."

Rainsford's bewilderment showed in his face.

"I wanted the ideal animal to hunt," explained the general. "So I said, 'What are the attributes of an ideal quarry?' And the answer was, of course, 'It must have courage, cunning, and, above all, it must be able to reason.'"

"But no animal can reason," objected Rainsford.

"My dear fellow," said the general, "there is one that can."

"But you can't mean—" gasped Rainsford.

"And why not?"

"I can't believe you are serious, General Zaroff. This is a grisly joke."

"Why should I not be serious? I am speaking of hunting."

"Hunting? Great Guns, General Zaroff, what you speak of is murder."

The general laughed with entire good nature. He regarded Rainsford quizzically. "I refuse to believe that so modern and civilized a young man as you seem to be harbors romantic ideas about the value of human life. Surely your experiences in the war—"

30

"Did not make me condone cold-blooded murder," finished Rainsford stiffly.

Laughter shook the general. "How extraordinarily droll you are!" he said. "One does not expect nowadays to find a young man of the educated class, even in America, with such a naive, and, if I may say so, mid-Victorian point of view. It's like finding a snuffbox in a limousine. Ah, well, doubtless you had Puritan ancestors. So many Americans appear to have had. I'll wager you'll forget your notions when you go hunting with me. You've a genuine new thrill in store for you, Mr. Rainsford."

"Thank you, I'm a hunter, not a murderer."

"Dear me," said the general, quite unruffled, "again that unpleasant word. But I think I can show you that your scruples are quite ill founded."

"Yes?"

The Most Dangerous Game **31**

"Life is for the strong, to be lived by the strong, and, if needs be, taken by the strong. The weak of the world were put here to give the strong pleasure. I am strong. Why should I not use my gift? If I wish to hunt, why should I not? I hunt the scum of the earth: sailors from tramp ships –lassars, blacks, Chinese, whites, mongrels–a thoroughbred horse or hound is worth more than a score of them."

"But they are men," said Rainsford hotly.

"Precisely," said the general. "That is why I use them. It gives me pleasure. They can reason, after a fashion. So they are dangerous."

"But where do you get them?"

The general's left eyelid fluttered down in a wink. "This island is called Ship Trap," he answered. "Sometimes an angry god of the high seas sends them to me. Sometimes, when Providence is not so kind, I help Providence a bit.

Come to the window with me."

Rainsford went to the window and looked out toward the sea.

"Watch! Out there!" exclaimed the general, pointing into the night. Rainsford's eyes saw only blackness, and then, as the general pressed a button, far out to sea Rainsford saw the flash of lights.

The general chuckled. "They indicate a channel," he said, "where there's none; giant rocks with razor edges crouch like a sea monster with wide-open jaws. They can crush a ship as easily as I crush this nut." He dropped a walnut on the hardwood floor and brought his heel grinding down on it. "Oh, yes," he said, casually, as if in answer to a question, "I have electricity. We try to be civilized here."

"Civilized? And you shoot down men?"

A trace of anger was in the general's black eyes, but it was there for but a second; and he said, in his most pleasant manner, "Dear me, what a righteous young man you are! I assure you I do not do the thing you suggest. That would be barbarous. I treat these visitors with every consideration. They get plenty of good food and exercise. They get into splendid physical condition. You shall see for yourself tomorrow."

"What do you mean?"

"We'll visit my training school," smiled the general. "It's in the cellar. I have about a dozen pupils down there now. They're from the Spanish bark San Lucar that had the bad luck to go on the rocks out there. A very inferior lot, I regret to say. Poor specimens and more accustomed to the deck than to the jungle." He raised his hand, and Ivan, who served as waiter, brought thick Turkish coffee. Rainsford, with an effort, held his tongue in check.

"It's a game, you see," pursued the general blandly. "I suggest to one of them that we go hunting. I give him a supply of food and an excellent hunting knife. I give him three hours' start. I am to follow, armed only with a pistol of the smallest caliber and range. If my quarry eludes me for three whole days, he wins the game. If I find him" –the general smiled– "he loses."

"Suppose he refuses to be hunted?"

"Oh," said the general, "I give him his option, of course. He need not play that game if he doesn't wish to. If he does not wish to hunt, I turn him over to Ivan. Ivan once had the honor of serving as official knouter to the Great White Czar, and he has his own ideas of sport. Invariably, Mr. Rainsford, invariably they choose the hunt."

"And if they win?"

The smile on the general's face widened. "To date I have not lost," he said. Then he added,

Ivan in movie

hastily; "I don't wish you to think me a braggart, Mr. Rainsford. Many of them afford only the most elementary sort of problem. Occasionally I strike a tartar. One almost did win. I eventually had to use the dogs."

"The dogs?"

"This way, please. I'll show you."

The general steered Rainsford to a window. The lights from the windows sent a flickering

illumination that made grotesque patterns on the courtyard below, and Rainsford could see moving about there a dozen or so huge black shapes; as they turned toward him, their eyes glittered greenly.

"A rather good lot, I think," observed the general. "They are let out at seven every night. If anyone should try to get into my house–or out of it–something extremely regrettable would occur to him." He hummed a snatch of song from the Folies Bergere.

"And now," said the general, "I want to show you my new collection of heads. Will you come with me to the library?"

"I hope," said Rainsford, "that you will excuse me tonight, General Zaroff. I'm really not feeling well."

"Ah, indeed?" the general inquired solicitously. "Well, I suppose that's only natural, after your

long swim. You need a good, restful night's sleep. Tomorrow you'll feel like a new man, I'll wager. Then we'll hunt, eh? I've one rather promising prospect—" Rainsford was hurrying from the room.

"Sorry you can't go with me tonight," called the general. "I expect rather fair sport–a big, strong, black. He looks resourceful–Well, good night, Mr. Rainsford; I hope you have a good night's rest."

The bed was good, and the pajamas of the softest silk, and he was tired in every fiber of his being, but nevertheless Rainsford could not quiet his brain with the opiate of sleep. He lay, eyes wide open. Once he thought he heard stealthy steps in the corridor outside his room. He sought to throw open the door; it would not open. He went to the window and looked out. His room was high up in one of the towers. The lights of the chateau were out now, and it was dark and silent; but there was a fragment of sallow moon, and by its wan light he could see, dimly, the courtyard. There, weaving

38

in and out in the pattern of shadow, were black, noiseless forms; the hounds heard him at the window and looked up, expectantly, with their green eyes. Rainsford went back to the bed and lay down. By many methods he tried to put himself to sleep. He had achieved a doze when, just as morning began to come, he heard, far off in the jungle, the faint report of a pistol.

Hounds

General Zaroff did not appear until luncheon. He was dressed faultlessly in the tweeds of a country squire. He was solicitous about the state of Rainsford's health.

"As for me," sighed the general, "I do not feel so well. I am worried, Mr. Rainsford. Last night I detected traces of my old complaint."

To Rainsford's questioning glance the general said, "Ennui. Boredom."

Then, taking a second helping of crêpes Suzette, the general explained: "The hunting was not good last night. The fellow lost his head. He made a straight trail that offered no problems at all. That's the trouble with these sailors; they have dull brains to begin with, and they do not know how to get about in the woods. They do excessively stupid and

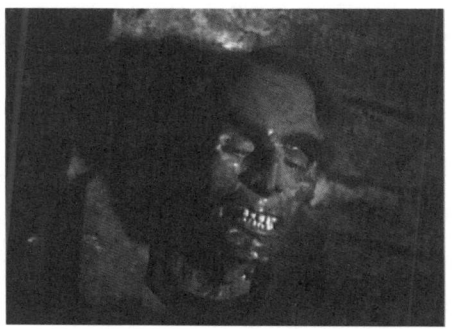

Zaroff's new collection in movie

obvious things. It's most annoying. Will you have another glass of Chablis, Mr. Rainsford?"

"General," said Rainsford firmly, "I wish to leave this island at once."

The general raised his thickets of eyebrows; he seemed hurt. "But, my dear fellow," the general protested, "you've only just come. You've had no hunting—"

"I wish to go today," said Rainsford. He saw the dead black eyes of the general on him, studying him. General Zaroff's face suddenly brightened.

He filled Rainsford's glass with venerable Chablis from a dusty bottle.

"Tonight," said the general, "we will hunt–you and I."

Rainsford shook his head. "No, general," he said. "I will not hunt."

The general shrugged his shoulders and delicately ate a hothouse grape. "As you wish, my friend," he said. "The choice rests entirely with you. But may I not venture to suggest that you will find my idea of sport more diverting than Ivan's?"

He nodded toward the corner to where the giant stood, scowling, his thick arms crossed on his hogshead of chest.

"You don't mean—" cried Rainsford.

"My dear fellow," said the general, "have I not told you I always mean what I say about hunting? This is really an inspiration. I drink to a foeman worthy of my steel–at last." The general raised his glass, but Rainsford sat staring at him.

"You'll find this game worth playing," the general said enthusiastically. "Your brain against mine. Your woodcraft against mine. Your strength and stamina against mine. Outdoor chess! And the stake is not without value, eh?"

42

"And if I win—" began Rainsford huskily.

"I'll cheerfully acknowledge myself defeat if I do not find you by midnight of the third day," said General Zaroff. "My sloop will place you on the mainland near a town." The general read what Rainsford was thinking.

"Oh, you can trust me," said the Cossack. "I will give you my word as a gentleman and a sportsman. Of course you, in turn, must agree to say nothing of your visit here."

"I'll agree to nothing of the kind," said Rainsford.

"Oh," said the general, "in that case–But why discuss that now? Three days hence we can discuss it over a bottle of Veuve Cliquot, unless—"

The general sipped his wine.

Then a businesslike air animated him. "Ivan,"

he said to Rainsford, "will supply you with hunting clothes, food, a knife. I suggest you wear moccasins; they leave a poorer trail. I suggest, too, that you avoid the big swamp in the southeast corner of the island. We call it Death Swamp.

Moccasins

There's quicksand there. One foolish fellow tried it. The deplorable part of it was that Lazarus followed him. You can imagine my feelings, Mr. Rainsford. I loved Lazarus; he was the finest hound in my pack. Well, I must beg you to excuse me now. I always take a siesta after

lunch. You'll hardly have time for a nap, I fear. You'll want to start, no doubt. I shall not follow till dusk. Hunting at night is so much more exciting than by day, don't you think? Au revoir, Mr. Rainsford, au revoir." General Zaroff, with a deep, courtly bow, strolled from the room.

From another door came Ivan. Under one arm he carried khaki hunting clothes, a haversack of food, a leather sheath containing a long-bladed hunting knife; his right hand rested on a cocked revolver thrust in the crimson sash about his waist.

Rainsford had fought his way through the bush for two hours. "I must keep my nerve. I must keep my nerve," he said through tight teeth.

He had not been entirely clearheaded when the chateau gates snapped shut behind him. His whole idea at first was to put distance between himself and General Zaroff; and, to this end, he had plunged along, spurred on by the sharp

The Most Dangerous Game **45**

rowers of something very like panic. Now he had got a grip on himself, had stopped, and was taking stock of himself and the situation. He saw that straight flight was futile; inevitably it would bring him face to face with the sea. He was in a picture with a frame of water, and his operations, clearly, must take place within that frame.

"I'll give him a trail to follow," muttered Rainsford, and he struck off from the rude path he had been following into the trackless wilderness. He executed a series of intricate loops; he doubled on his trail again and again, recalling all the lore of the fox hunt, and all the dodges of the fox. Night found him leg-weary, with hands and face lashed by the branches, on a thickly wooded ridge. He knew it would be insane to blunder on through the dark, even if he had the strength. His need for rest was imperative and he thought, "I have played the fox, now I must play the cat of the fable." A big tree with a thick trunk and outspread branches was nearby, and, taking care to leave not the slightest mark, he climbed up into the crotch, and,

stretching out on one of the broad limbs, after a fashion, rested. Rest brought him new confidence and almost a feeling of security. Even so zealous a hunter as General Zaroff could not trace him there, he told himself; only the devil himself could follow that complicated trail through the jungle after dark. But perhaps the general was a devil—

An apprehensive night crawled slowly by like a wounded snake and sleep did not visit Rainsford, although the silence of a dead world was on the jungle. Toward morning when a dingy gray was varnishing the sky, the cry of some startled bird focused Rainsford's attention in that direction. Something was coming through the bush, coming slowly, carefully, coming by the same winding way Rainsford had come. He flattened himself down on the limb and, through a screen of leaves almost as thick as tapestry, he watched...... That which was approaching was a man.

It was General Zaroff. He made his way along with his eyes fixed in utmost concentration

on the ground before him. He paused, almost beneath the tree, dropped to his knees and studied the ground. Rainsford's impulse was to hurl himself down like a panther, but he saw that the general's right hand held something metallic –a small automatic pistol.

The hunter shook his head several times, as if he were puzzled. Then he straightened up and took from his case one of his black cigarettes; its pungent incense-like smoke floated up to Rainsford's nostrils.

Rainsford held his breath. The general's eyes had left the ground and were traveling inch by inch up the tree. Rainsford froze there, every muscle tensed for a spring. But the sharp eyes of the hunter stopped before they reached the limb where Rainsford lay; a smile spread over his brown face. Very deliberately he blew a smoke ring into the air; then he turned his back on the tree and walked carelessly away, back along the trail he had come. The swish of the underbrush against

his hunting boots grew fainter and fainter.

The pent-up air burst hotly from Rainsford's lungs. His first thought made him feel sick and numb. The general could follow a trail through the woods at night; he could follow an extremely difficult trail; he must have uncanny powers; only by the merest chance had the Cossack failed to see his quarry.

Rainsford's second thought was even more terrible. It sent a shudder of cold horror through his whole being. Why had the general smiled? Why had he turned back?

Rainsford did not want to believe what his reason told him was true, but the truth was as evident as the sun that had by now pushed through the morning mists. The general was playing with him! The general was saving him for another day's sport! The Cossack was the cat; he was the mouse. Then it was that Rainsford knew the full meaning of terror.

"I will not lose my nerve. I will not."

He slid down from the tree, and struck off again into the woods. His face was set and he forced the machinery of his mind to function. Three hundred yards from his hiding place he stopped where a huge dead tree leaned precariously on a smaller, living one. Throwing off his sack of food, Rainsford took his knife from its sheath and began to work with all his energy.

The job was finished at last, and he threw himself down behind a fallen log a hundred feet away. He did not have to wait long. The cat was coming again to play with the mouse.

Following the trail with the sureness of a bloodhound came General Zaroff. Nothing escaped those searching black eyes, no crushed blade of grass, no bent twig, no mark, no matter how faint, in the moss. So intent was the Cossack on his stalking that he was upon the thing Rainsford had made before he saw it. His foot touched the

protruding bough that was the trigger. Even as he touched it, the general sensed his danger and leaped back with the agility of an ape. But he was not quite quick enough; the dead tree, delicately adjusted to rest on the cut living one, crashed down and struck the general a glancing blow on the shoulder as it fell; but for his alertness, he must have been smashed beneath it. He staggered, but he did not fall; nor did he drop his revolver. He stood there, rubbing his injured shoulder, and Rainsford, with fear again gripping his heart, heard the general's mocking laugh ring through the jungle.

"Rainsford," called the general, "if you are within sound of my voice, as I suppose you are, let me congratulate you. Not many men know how to make a Malay man-catcher. Luckily for me I, too, have hunted in Malacca. You are proving interesting, Mr. Rainsford. I am going now to have my wound dressed; it's only a slight one. But I shall be back. I shall be back."

When the general, nursing his bruised shoulder, had gone, Rainsford took up his flight again. It was flight now, a desperate, hopeless flight, that carried him on for some hours. Dusk came, then darkness, and still he pressed on. The ground grew softer under his moccasins; the vegetation grew ranker, denser; insects bit him savagely.

Then, as he stepped forward, his foot sank into the ooze. He tried to wrench it back, but the muck sucked viciously at his foot as if it were a giant leech. With a violent effort, he tore his feet loose. He knew where he was now. Death Swamp and its quicksand.

Quicksand

His hands were tight closed as if his nerve were something tangible that someone in the darkness was trying to tear from his grip. The softness of the earth had given him an idea. He stepped back from the quicksand a dozen feet or so and, like some huge prehistoric beaver, he began to dig.

Rainsford had dug himself in in France when a second's delay meant death. That had been a placid pastime compared to his digging now. The pit grew deeper; when it was above his shoulders, he climbed out and from some hard saplings cut stakes and sharpened them to a fine point. These stakes he planted in the bottom of the pit with the points sticking up. With flying fingers he wove a rough carpet of weeds and branches and with it he covered the mouth of the pit. Then, wet with sweat and aching with tiredness, he crouched behind the stump of a lightning-charred tree.

He knew his pursuer was coming; he heard the padding sound of feet on the soft earth, and the night breeze brought him the perfume of the

general's cigarette. It seemed to Rainsford that the general was coming with unusual swiftness; he was not feeling his way along, foot by foot. Rainsford, crouching there, could not see the general, nor could he see the pit.

He lived a year in a minute.

Then he felt an impulse to cry aloud with joy, for he heard the sharp crackle of the breaking branches as the cover of the pit gave way; he heard the sharp scream of pain as the pointed stakes found their mark. He leaped up from his place of concealment. Then he cowered back. Three feet from the pit a man was standing, with an electric torch in his hand.

"You've done well, Rainsford," the voice of the general called. "Your Burmese tiger pit has claimed one of my best dogs. Again you score. I think, Mr. Rainsford, I'll see what you can do against my whole pack. I'm going home for a rest now. Thank you for a most amusing evening."

At daybreak Rainsford, lying near the swamp, was awakened by a sound that made him know that he had new things to learn about fear. It was a distant sound, faint and wavering, but he knew it. It was the baying of a pack of hounds.

Rainsford knew he could do one of two things. He could stay where he was and wait. That was suicide. He could flee. That was postponing the inevitable. For a moment he stood there, thinking. An idea that held a wild chance came to him, and, tightening his belt, he headed away from the swamp.

The baying of the hounds drew nearer, then still nearer, nearer, ever nearer. On a ridge Rainsford climbed a tree. Down a watercourse, not a quarter of a mile away, he could see the bush moving. Straining his eyes, he saw the lean figure of General Zaroff; just ahead of him Rainsford made out another figure whose wide shoulders surged through the tall jungle weeds; it was the giant Ivan, and he seemed pulled forward by some

Rainsford's fancy

unseen force; Rainsford knew that Ivan must be holding the pack in leash.

They would be on him any minute now. His mind worked frantically. He thought of a native trick he had learned in Uganda. He slid down the tree. He caught hold of a springy young sapling and to it he fastened his hunting knife, with the blade pointing down the trail; with a bit of wild grapevine he tied back the sapling. Then he ran for his life. The hounds raised their voices as they hit the fresh scent. Rainsford knew now how an animal at bay feels.

He had to stop to get his breath. The baying of the hounds stopped abruptly, and Rainsford's heart stopped too. They must have reached the knife.

He shinned excitedly up a tree and looked back. His pursuers had stopped. But the hope that was in Rainsford's brain when he climbed died, for he saw in the shallow valley that General Zaroff

was still on his feet. But Ivan was not. The knife, driven by the recoil of the springing tree, had not wholly failed.

Rainsford had hardly tumbled to the ground when the pack took up the cry again.

"Nerve, nerve, nerve!" he panted, as he dashed along. A blue gap showed between the trees dead ahead. Ever nearer drew the hounds. Rainsford forced himself on toward that gap. He reached it. It was the shore of the sea. Across a cove he could see the gloomy gray stone of the chateau. Twenty feet below him the sea rumbled and hissed. Rainsford hesitated. He heard the hounds. Then he leaped far out into the sea......

When the general and his pack reached the place by the sea, the Cossack stopped. For some minutes he stood regarding the blue-green expanse of water. He shrugged his shoulders. Then he sat down, took a drink of brandy from a silver flask, lit a cigarette, and hummed a bit from

Madame Butterfly.

Flask

General Zaroff had an exceedingly good dinner in his great paneled dining hall that evening. With it he had a bottle of Pol Roger and half a bottle of Chambertin. Two slight annoyances kept him from perfect enjoyment. One was the thought that it would be difficult to replace Ivan; the other was that his quarry had escaped him; of course, the American hadn't played the game—so thought the general as he tasted his after-dinner liqueur. In his library he read, to soothe himself, from

the works of Marcus Aurelius. At ten he went up to his bedroom. He was deliciously tired, he said to himself, as he locked himself in. There was a little moonlight, so, before turning on his light, he went to the window and looked down at the courtyard. He could see the great hounds, and he called, "Better luck another time," to them. Then he switched on the light.

A man, who had been hiding in the curtains of the bed, was standing there.

"Rainsford!" screamed the general. "How in God's name did you get here?"

"Swam," said Rainsford. "I found it quicker than walking through the jungle."

The general sucked in his breath and smiled. "I congratulate you," he said. "You have won the game."

Rainsford did not smile. "I am still a beast at

bay," he said, in a low, hoarse voice. "Get ready, General Zaroff."

The general made one of his deepest bows. "I see," he said. "Splendid! One of us is to furnish a repast for the hounds. The other will sleep in this very excellent bed. On guard, Rainsford..."

......

He had never slept in a better bed, Rainsford decided.

— End —

Vocabulary
of
The Most Dangerous Game

A

abrupt 갑작스런

absorbed in 푹 빠져들다

accustomed to ~에 익숙해지다

acknowledge 인정하다, 감사하다

adjusted 즈절된, 적응한

affable 상냥한, 정중한

after a fashion 어느 정도, 그럭저럭, 어떤 의미에서는

agility 민첩, 명민함

alertness 경계, 경보

amend 개정하다, 수정하다

amenities 오락시설, 예의

anguish 고통

animated 생기 있는, 기운찬

annoying 성가신, 약오르는

appointment　설비, 장비, 가구, 장식품

appraising　평가하는 듯한

apprehensive　염려하는, 이해가 빠른

ardent　불타는 듯한, 열렬한

aristocrat　귀족

astrakhan　아스트라한(러시아 지방산의 작은 양모피 모조 직물)

at bay　궁지에 몰린

attribute　~의 탓으로 하다, 속성, 특성

au revoir(프)　또 만나요

B

bark　짖다, 고함치다

baronial　귀족풍의, 당당한

bay　짖다, 짖어대다, 몰아넣다

beam-ceiling　기둥으로 천장을 받친

bewilderment　당황, 당혹

bladed　칼날이 있는

blandly　부드럽게, 차분하게, 냉담하게

bleak　황폐한, 쓸쓸한

bloodhound　영국산 경찰견

blood-warm　미지근한

blot out　지우다, 없애다

bluff　절벽, 깍아지른 듯한

blunder   큰실수, 우물쭈물하다

boast   자랑하다, 호언장담하다

boredom   지루함 권태

borsch(러)   브르쉬(러시아식 수프의 일종)

bough   큰 가지

braggart   허풍떠는

bruised   멍든, 상처를 입은

but for(=without)   ~이 없다면

C

caliber   구경, 직경

canopied   차양이 처진

cape buffalc   아프리카 물소

capital   자본의, 가장 중요한, 수도의, 대문자의

cavalry   기병대

chablis(프)   샤블리(백포도주의 일종)

charge   습격하다 돌격하다

chart   해도

chateau   성, 대저택

clearheaded   두뇌가 명석한

cocked   곤이치기가 당겨진, 발사 준비된

come upon   ~를 우연히 만나다

compliment   경의를 표하다, 인사하다

concealment   은폐, 잠복

condone   묵과하다, 용서하다

consideration   숙고, 배려

cosmopolite   시야가 넓은, 국제적인

courtly bow   우아한 절

cove   해안 낭떠러지의 후미진 곳

cower   움츠리다, 위축되다

crackle   우지끈 소리를 내다

crag   울퉁불퉁한 바위

creak   삐걱거리다

crêpes Suzette(프)   크레쁘 쉬제뜨(얇은디저트용 팬케이크)

crisp   바스락거리는 소리

crook   굴곡

crotch   가랑이, 갈림길

crouch   몸을 쭈그리다, 웅크리다

cultivated   교양 있는, 세련된

D

dear me   저런!, 어머나!

debacle   붕괴, 폭락

deliberate   신중한, 침착한

deliberateness   신중함, 침착함

delicately   우아하게, 정교하게

dense   밀집한, 조밀한

deplorable   통탄할, 비참한

dingy   거무스름한, 음침한, 생기 없는, 평판이 나쁜

disarming   안심시키는

discern   인식하다

diverting   기분 전환이 되는, 재미있는

dodge   재빨리 피하다

doggedly   끈기 있게, 집요하게

dose   투약하다, 복용시키다

dread   공포, 불안

droll   익살떨다, 단조로운 말투로 이야기하다

drowsiness   졸음

duke   공작

dusk   땅거미, 그늘

E

elude   피하다, 벗어나다

ennui(프)   권태, 따분함

enthusiastically   열광적으로

erect   곧게 선

exceedingly   대단히, 굉장히

execute   실행하다, 집행하다

expanse   넓게 퍼진 공간, 확장

F

fasten 묶다, 고정시키다

feudal 영지의, 봉건제도의

fight one's way 분투하여 활로를 개척하다

filet mignon(프) 필레 미뇽(소의 두터운 허리 고기)

fishy 물고기의, (눈빛이) 흐린, 탁한

flask 납작한 휴대용 병

flee 달아나다, 도망치다

flickering 깜박거리는, 불안정한

flight 비행, 탈출

flounder 허우적거리며 나아가다, 버둥거리다

flung oneself down 몸을 던지다

flutter 펄럭이다, 실룩거리다, 조마조마해 하다

foeman worthy of my steel 호적수

Folies Bergere 폴리 베르제르(다양한 춤을 볼 수 있는 프랑스식 쇼)

for an instance 예를 들어서

forge 서서히 나아가다, 착실히 전진하다

fracture 뼈를 부러뜨리다, 무시하다

fragment 파편, 산산조각 나다

frantically 미친 듯이, 극도로 흥분하여

fringe 술을 달다, 테두리를 두르다

furnish 공급하다, 설치하다

futile 헛된, 하찮은

G

gag　메스껍게 하다

gargoyle　괴물꼴 홈통 주둥이, 이무깃돌, 추한 용모의 사람

gasp　헐떡이다. 숨이 차다

give forth　(소리)내다, (소문)퍼뜨리다

give off　(증기·냄새·빛 등을) 발하다, 내다, 방출하다

give way　무너지다, 부러지다, 물러가다, 양보하다

glancing blow　빗나간 타격

glare　섬광

gloom　어둠

get a grip on　~을 파악하다, ~을 억제하다

grapevine　포도덩굴

gray　황혼, 어스레한 빛

great guns　이런!, 아뿔싸!

grinding　빻기, 삐걱거리는, 싫증나는, 압박하는

gripping　주의를 끄는, 매력 있는

grisly　소름 끼치는, 무서운

grizzly　회색의, 반백의

grotesque　괴상한, 우스꽝스러운

growling　으르렁 거리는 소리

H

hammer　(총의) 공이치기

hardly 거의 ~않다, 애써서, 고생하여, 가까스로

hastily 급히, 허둥지둥

haversack 어깨에 비스듬히 매는 가방

headlong 곤두박이로, 거꾸로

held one's tongue in check 하고 싶은 말을 가까스로 참다

helping (음식의) 한 번 담는 분량, 한 그릇

hiss 쉿 하는 소리를 내다

hoarse 쉰 목소리

hogshead 큰 통, 액량의 단위

hotly 열렬히, 노기를 띠고

hurl 세게 내던지다, ~에게 덤벼들다

huskily 까칠까칠하게, 억세게

I

illumination 조명, 계몽

imperative 피할 수 없는, 필수적인, 엄숙한

imprudent 경솔한, 무모한

in a tight place 궁지에 빠진

in all modesty 자랑은 아니지만, 줄잡아 말해도

in God's name 하늘에 맹세코

in store 저장하여, 준비하여, 기다리고

in turn 차례로, 번갈아

incense 향료, 향기를 풍기다, 격노하다

The Most Dangerous Game **69**

indolently   나태한, 게으른
inferior   하위의, 열등한
insane   미친, 광기의
intent   의지, 목적, 열중하여
intricate   얽힌, 복잡한
invariably   변함없이, 반드시

J

jag   톱니 같이 들쭉날쭉한
jumpy   튀어 오르는, (신경, 흥분으로) 실룩거리는
jut up   돌출하다, 내밀다

K

knout   채찍, 채찍질하다

L

lacerate   상하게 하다, 찢어지다
lapse   착오, 경과
lascar   동인도인 선원
lash   후려치다, 부딪치다
lay out   내놓다, 펼쳐 놓다

70

lean 기대다, 기울다, 야윈

leech 거머리, 흡혈귀

leer 심술궂은 눈초리

lightning-charred 번개에 맞아 까맣게 탄

limb 팔다리, 큰 가지

lofty 높은 치솟은

long-barreled revolver 총열이 긴 연발 권총

loop 고리, 올가미, 도망갈 길

lore 학문, 지식

lot 제비뽑기, 운명, (사람, 물건의) 떼거리

lunge for ~을 향해 돌진하다

M

make it (순조로이) 도착하다

marksmanship 명중

maze 미로, 미궁

medieval 중세의, 중세풍의

menacing 위협하는

merest 가장 ~한

mid-Victorian 빅토리아 왕조 중기의, 구식의

moccasin 인디언들이 신던 밑이 평평한 노루 가죽신

mocking 조롱하는, 흉내내는

mongrel 잡종, 혼혈

moss   이끼

mounted   말을 탄, ~에 올려놓은

muck   외양간 거름, 잡동사니

mutter   중얼거리다

mystify   어리둥절하다, 얼떨떨하다

N

nerve   신경, 용기, 담력

nod   끄덕이다, 인사하다

nostril   콧구멍

numb   마비된, 무기력한

O

obstacle   장애물, 반대

obvious   명백한, 뻔한, 눈에 거슬리는

off the beaten track   잘 알려지지 않은, 인적 드문, 정도를 벗어난

on guard   〔결투를 시작하며 상대에게〕시작해 볼까, 경계하여, 당번으로

ooze   스며나오다, 점점 없어지다

opaqueness   불투명함, 분명치 않은

opiate   마취제, 진정제, 둔하게 하다

P

pack 무리, 떼

padding 채워넣기, 충전물

palate 입천장, 미각

palatial 궁전의, 호화로운

palpable 손으로 만질 수 있는, 명백한

panther 표범

pastime 기분전환, 취미

patch 단편, 파편, 일부

peer 자세히 보다, 응시하다

pent-up 갇힌, 억압된, 울적한

peril 위험

pick at 괴롭히다

pick off (한 사람씩 겨누어) 쏘다

pinch off 잘라내다, 끊기다

pit 구덩이

placid 평온한, 자기만족의

plunge 던져 넣다, 찌르다

postpone 뒤로 미루다

precariously 불확실하게, 지레짐작으로

prehistoric 유사 이전의, 아주 옛날의

pressed on ~을 서둘러 하다

prolonged 오래 끄는, 장기의

proposition 제안, 계획, 일, 목적, 문제

prospect   전당, 가능성, 예상

protest   항의하다, 주장하다

protrude   내밀다, 튀어나오게 하다

providence   섭리, 신의 뜻

pungent   톡 쏘는, 날카로운

pursuer   추적자

put up a fight   분투하다, 선전하다

Q

quarry   채석장, 사냥감

quicksand   유사(流砂)

quizzically   우스꽝스럽게, 괴상하게, 당혹스럽게

R

rail   난간

ranker   정렬하는 사람, 사병, 특진장교

raw   얼얼한, 쑤시는

recede   물러나다, 멀어지다

recline   기대다, 눕다

recoil   뒷걸음질 치다, 주춤하다

refectory   식당, 휴게실

regard   ~으로 여기다, 응시하다